Liderazgo

Motiva a Tus Empleados E Influye Fácilmente en Las Personas

(Mejor Comunicación, Gestión Y Motivación Para El Éxito)

Febo Tapia

Publicado Por Daniel Heath

© Febo Tapia

Todos los derechos reservados

Liderazgo: Motiva a Tus Empleados E Influye Fácilmente en Las Personas (Mejor Comunicación, Gestión Y Motivación Para El Éxito)

ISBN 978-1-989808-22-1

Este documento está orientado a proporcionar información exacta y confiable con respecto al tema y asunto que trata. La publicación se vende con la idea de que el editor no esté obligado a prestar contabilidad, permitida oficialmente, u otros servicios cualificados. Si se necesita asesoramiento, legal o profesional, debería solicitar a una persona con experiencia en la profesión.

Desde una Declaración de Principios aceptada y aprobada tanto por un comité de la American Bar Association (el Colegio de Abogados de Estados Unidos) como por un comité de editores y asociaciones.

No se permite la reproducción, duplicado o transmisión de cualquier parte de este documento en cualquier medio electrónico o formato impreso. Se prohíbe de forma estricta la grabación de esta publicación así como tampoco se permite cualquier almacenamiento de este documento sin permiso escrito del editor. Todos los derechos reservados.

Se establece que la información que contiene este documento es veraz y coherente, ya que cualquier responsabilidad, en términos de falta de atención o de otro tipo, por el uso o abuso de cualquier política, proceso o dirección contenida en este documento será responsabilidad exclusiva y absoluta del lector receptor. Bajo ninguna circunstancia se hará responsable o culpable de forma legal al editor por cualquier reparación, daños o pérdida monetaria debido a la información aquí contenida, ya sea de forma directa o indirectamente.

Los respectivos autores son propietarios de todos los derechos de autor que no están en posesión del editor.

La información aquí contenida se ofrece únicamente con fines informativos y, como tal, es universal. La presentación de la información se realiza sin contrato ni ningún tipo de garantía.

Las marcas registradas utilizadas son sin ningún tipo de consentimiento y la publicación de la marca registrada es sin el permiso o respaldo del propietario de esta. Todas las marcas registradas y demás marcas incluidas en este libro son solo para fines de aclaración y son propiedad de los mismos propietarios, no están afiliadas a este documento.

TABLA DE CONTENIDO

Parte 1 1

Introducción 2

Capítulo 1– Aprenda Acerca Del Campo De Juego 4

TIPOS DE PODERES DE LOS LÍDERES EN UNA ORGANIZACIÓN 5
Poder Autoritario 5
Poder De Recompensa 7
Poder Coercitivo 8
Poder Referente 10
Poder Experto 11
¿QUÉ DEBE HACER EL LÍDER EN SU ORGANIZACIÓN? 12

Capítulo 2– Aprenda Sobre Sus Seguidores........................ 20

¿Quiénes Son Sus Seguidores?.. 20
¿ES USTED UN LÍDER DE LÍDERES? 21
¿ES USTED UN LÍDER ORGANIZACIONAL? 22
¿ERES EL MÁXIMO LÍDER DE TU ORGANIZACIÓN?........................... 22
Con Grandes Poderes Vienen Grandes Responsabilidades. 23
¿QUÉ QUIERE QUE HAGAN SUS SEGUIDORES? 24

Capítulo 3 - Póngase En Los Zapatos De Sus Seguidores 28

SUS SEGUIDORES ESTÁN ENFOCADOS EN SUS PROPIOS OBJETIVOS.... 29
APRENDA SOBRE SUS SEGUIDORES PONIÉNDOSE EN SU POSICIÓN 30
CREE EL HÁBITO DE ESTAR INTERESADO EN LA VIDA DE OTRAS
PERSONAS 34
ELIJA A LAS PERSONAS CON LAS QUE CONSTRUYE RELACIONES........ 36

Capítulo 4 - Trate De Hacer Felices A Todos Los Interesados
.... 37

ESTABLECER EXPECTATIVAS MÁS BAJAS CON LOS SUPERVISORES 38
SOBRE PREPÁRESE PARA LA TAREA EN CUESTIÓN 39
ENTREGUE MÁS ALLÁ DE LAS EXPECTATIVAS DE LOS SUPERVISORES.. 40
EVITE TOMAR ROLES DE LIDERAZGO CUANDO LAS EXPECTATIVAS SON
DEMASIADO ALTAS 40

Capítulo 5 - Trabaje En Mejorar Su Reputación 43

Mantenga A Sus Supervisores Felices 43
Mantenga Ocultas Sus Intenciones Personales Tanto De Los Supervisores Como De Los Seguidores. 45
Establezca La Base De Su Liderazgo.. 49
Hable Y Actúe De Acuerdo Con Sus Rasgos De Liderazgo Elegidos... 50
Demuestre Su Espíritu Competitivo.. 51
Manténgase Relevante En Sus Círculos................................. 53
Protejasu Trabajo E Ideas De Los Ladrones De Créditos 55
Si Puede, Evite Los Argumentos 56
Elija Actuar Con Inteligencia Emocional 57
Controle Sus Emociones Al Interactuar Con Sus Seguidores 60
La Ira Debe Usarse Estratégicamente 62

Capítulo 6 - Trucos Sutiles Para Influenciar A Las Personas 63

No Se Deje Atrapar Cuando Esté Estudiando A La Gente 63
Use Las Pasiones De La Gente Para Motivarlos 65
Evita Hacer Críticas 67
Baje La Guardia De Sus Seguidores Siendo Más Fácil De Relacionar.. 68
Reflejar Las Acciones De La Otra Persona 70
Influenciar A Las Personas En Función De Su Necesidad De Creer 71
Eliminar Factores Con Efectos Negativos A La Motivación Del Grupo... 73

Capítulo 7 - Motivar A Los Seguidores Para Tareas A Largo Plazo 75

Haz Que Sus Seguidores Piensen Que Son Reconocidos 76
Dele A Sus Seguidores Una Tarea Que Se Ajuste A Sus Habilidades E Intereses 77
Proporcione Retroalimentación Constructiva, Entrenamiento Adecuado Y Oportunidades De Desarrollo Profesional. 79
Muestre A Sus Seguidores Cómo Pueden Crecer Dentro De La Organización 81
Crear Un Entorno De Trabajo Que Permita Períodos De Descanso Regulares 82

Mantener La Confianza De Los Seguidores Hacia Los Líderes De La Organización 83

Conclusión 85

Parte 2 86

Introducción 87

De Qué Se Trata El Liderazgo Exitoso................................ 93

Preparación Personal Para El Liderazgo........................... 101

Para Que Un Líder Sea Exitoso, Algunas Cosas Que Se Esperan De Su Parte Son Las Siguientes: 106

Cómo Tomar Decisiones 111

Componentes De La Toma De Decisiones 113
Pasos De La Toma De Decisiones Para Un Liderazgo Exitoso 114
Por Qué La Toma De Decisiones Es Importante Para El Liderazgo Exitoso. 119

Cómo Pensar De Manera Positiva 121

Cómo Transformar Una Mentalidad Negativa A Una Positiva 122
Consejos Para Mantener Una Mentalidad Positiva. 124
Qué Hacer Para Evitar Pensamientos Negativos................. 127

Cómo Influenciar A Otros 129

Maneras Efectivas En Las Que Los Líderes Pueden Influenciar A Otros. 133

Cómo Aportar Valor A La Vida De Otros............... 138

Maneras De Aportar Valor A Los Demás 143
Resultados De Aportar Valor A Los Demás 146

Liderazgo Y Gestión Del Tiempo 149

Reglas Para Ayudarte A Gestionar El Tiempo De Manera Efectiva. 154

!!!Bonificación!!! 159

Curso De Ritual Matutino De 7 Días 159

Los Rituales Son Los Siguientes 161

Levántate Temprano 161
Ejercítate 162
Planifica Tu Día 163
Mantén Un Diario 164
Medita Para Aclarar Tu Mente 165
Aprecia A Tus Seres Queridos 166
Nunca Te Saltes El Desayuno 166

Conclusion 169

Parte 1

Introducción

Quiero agradecerle y felicitarle por haber descargado el libro.

Este libro contiene pasos y estrategias comprobadas sobre cómo utilizar su influencia para maximizar la productividad de las personas que lo rodean.

Con los consejos de este libro, podrá construir su reputación como un líder efectivo. Podrá comunicar su mensaje a sus seguidores con autoridad. También podrá establecer relaciones importantes que lo ayudarán a hacer mejor su trabajo.

Este libro aborda el liderazgo como un proceso de tratar con las personas. Con los temas tratados en este libro, aprenderá cómo maximizar el compromiso de sus seguidores.
Aprenderá cómo puede aumentar su motivación y enfoque para alcanzar metas a corto y largo plazo. Podrá presionarlos

para que trabajen por los objetivos de la organización sin arruinar sus relaciones ni quemar puentes.

Gracias nuevamente por descargar este libro. ¡Espero que lo disfruten!

Capítulo 1– Aprenda acerca del campo de juego

Ser un líder requiere que usted sepa todo sobre la meta de la organización y las tareas necesarias para alcanzar esa meta. Requiere que esté en su mejor nivel para que pueda presionar a otras personas a dar lo mejor de sí.

¿Qué es el liderazgo?

El liderazgo usualmente se refiere a las características de una persona con autoridad. Sin embargo, en este libro, el liderazgo significa mucho más que la posición. Liderazgo significa que tiene ciertos tipos de poderes en su organización y los usa para influenciar a sus seguidores para alcanzar las metas de la organización.

¿Qué significa el liderazgo para su trabajo?

El liderazgo es un proceso altamente complejo que requiere que usted esté consciente de las personas y de las cosas que suceden a su alrededor. Para que conozca sus capacidades de liderazgo, primero debe aprender qué tipos de poderes tiene en la organización.

Tipos de poderes de los líderes en una organización

Poder autoritario

El poder autoritario se refiere al tipo de influencia que viene con la posición. A veces, la mera mención de la posición de la persona hará que una persona sea instantáneamente influyente. Por ejemplo, si usted es un CEO de su compañía, debe esperar que la gente de su compañía escuche cada vez que hable. Si combina este poder con otros tipos de poder que serán tratados a continuación, puede convertirse en un líder eficaz.

Sin embargo, con el tiempo, este tipo de poder se desvanece si no lo respalda con acciones. De vez en cuandonecesita recordarles a las personas que tiene este tipo de poder. Debe recordarles por qué está en dicha posición.

El poder autoritario solo se hace efectivo cuando los seguidores respetan tanto la posición como a la persona que la ostenta. Los seguidores respetan la posición si los anteriores poseedores de esa posición eran respetables. Al instante,respetamos al presidente del país, por ejemplo, debido al peso de la responsabilidad y a los múltiples grandes hombres que han ocupado el cargo en el pasado. La gente también respetará la posición si tiene mucha influencia social. El uniforme de policía, por ejemplo, es un símbolo universalmente respetado por los ciudadanos debido a su poder para servir y proteger.

En la mayoría de los casos, las personas solo respetarán a la persona que ocupa el cargo si él o ella trabajaron para ello. Si él o ella lo robaron a alguien que merecía más el cargo, los seguidores podrían faltar el respeto a la persona que loocupa.

Si a la persona le fue dada la posición sin trabajar para ella, los seguidores pudieran irrespetar ambos.

Poder de recompensa

A veces, una determinada persona gana poder en función de su capacidad para otorgar recompensas. Un maestro, por ejemplo, tiene este tipo de poder sobre sus estudiantes porque controla sus calificaciones.

En el mundo corporativo, este tipo de poder se refiere a la capacidad de proporcionar recompensas monetarias, como bonificaciones. También podría referirse a la capacidad de una persona para influir en la organización acerca de a quién promover.

No necesita tener una posición de liderazgo clave para tener esta clase de poder. Por ejemplo, si está a cargo de la comida en las reuniones, tiene el poder de dar cantidades adicionales de comida a ciertas personas. Si las personas en su reunión valoran lo que usted ofrece, tiene este tipo de poder sobre ellas.

Como líder, debería identificar sus propios poderes de recompensa. Las recompensas son efectivas para aumentar la motivación de sus seguidores, especialmente los que se encuentran en los rangos más bajos de la organización.

Poder Coercitivo

Este tipo de poder se refiere a la capacidad de una persona para imponer castigos. En la unidad más básica de la sociedad, la familia, los padres a menudo tienen este tipo de poder sobre sus hijos. Los padres pueden quitarles los privilegios a los niños y los niños deben respetar los deseos de los padres si quieren mantener los privilegios otorgados.

En el entorno público, los oficiales de policía tienen poderes coercitivos sobre los malhechores. Si una persona infringe la ley, los oficiales de policía pueden tener el poder coercitivo para detener a esa persona. Todos temen ir a la cárcel, así que respetamos a la policía cuando están presentes. En casos de emergencias, obedecemos lo que dicen para evitar su poder coercitivo.

Un efectivo debe reflejarse sobre cuáles son sus poderes coercitivos sobre sus seguidores. En la mayoría de los casos, solo necesita usar este tipo de poder para amenazar a las personas. Sin embargo, en el caso de que necesite usarlo, debe ser capaz de guiar su conversación. Instantáneamente perdería su influencia sobre sus seguidores si descubren que solo está haciendo amenazas vacías.

Poder referente

El poder de referencia se refiere al poder de una persona para ganar respeto basado en sus cualidades personales. En algunos casos, una persona solo gana respeto debido a quién es.

SteveJobs, por ejemplo, tuvo este tipo de poder en Appleen la última parte de su carrera. Independientemente de la función que desempeñó, las personas lo admiraron y siguieron su liderazgo. Este tipo de poder también muestra por qué algunos maestros en una escuela son líderes efectivos, mientras que otros no lo son. Un maestro que es más carismático con sus alumnos tiene más probabilidades de ganarse el respeto que un maestro que abusa de su autoridad.

Para tener este tipo de poder, necesita proteger su reputación, especialmente entre sus seguidores. Es necesario ser confiable a los ojos de sus seguidores. También debe evitar actividades que pudieran afectar negativamente su reputación.

Poder Experto

Por último, también puede ganar poder por ser un experto en su oficio. El poder de expertos es el tipo de poder que los médicos y abogados obtienen instantáneamente de sus pacientes o clientes. Las personas que confían en estas profesiones siguen lo que indican el médico o los abogados debido a su conocimiento en su campo.
En la mayoría de los casos, el poder experto tiene una relación directa con la cantidad de años que una persona ha pasado en la industria. Un entrenador novato, por ejemplo, debería esperar recibir menos respeto que un entrenador veterano. De igual manera, se le considerará un experto en su industria si cuenta con más práctica y experiencia laboral.

Los éxitos y logros pasados también se

suman a su poder experto. Un entrenador que haya ganado un campeonato será considerado mejor que aquellos sin un campeonato. También será considerado un experto en su campo si tiene la reputación de ser un ganador o un triunfador en su campo.

¿Qué debe hacer el líder en su organización?

Ahora que conoce qué tipo de poder tiene sobre sus seguidores, debería identificar qué necesita hacer usando esos poderes. En la mayoría de los casos, debe usar sus poderes de liderazgo para ayudar a la organización a lograr sus objetivos prioritarios.

Una compañía generalmente tiene declaraciones de visión y misión para que todos conozcan sus objetivos. Sin embargo, en algunos casos, las prioridades de la organización no están relacionadas con estas declaraciones. Es un rol de los líderes identificar el verdadero objetivo de la organización y ayudar a dirigir su tiempo, energía y recursos hacia el objetivo.

Como líder, es su rol recordar siempre los objetivos de la organización. Debe mostrar a sus seguidores su comprensión de la meta y estar enfocado en ello día tras día.

Digamos que usted declaró que el objetivo principal de la empresa es duplicar los números de ventas del año pasado. Sin embargo, rara vez se reúne con su equipo de ventas para discutir el rendimiento y las estrategias. Usted también realiza más trabajo administrativo que actividades relacionadas con las ventas. Como resultado, sus seguidores pueden pensar que no está enfocado en la meta.

En contraste, un líder eficaz en esta situación establecería el ritmo al mostrar a sus seguidores cuánto trabajo está realizando. Debe practicar esto en sus roles de liderazgo para demostrar que la meta es su prioridad. Encuentre una manera de demostrar a sus seguidores que está ejerciendo sus poderes de liderazgo únicamente para que la organización alcance su objetivo.

Aprenda acerca de su industria

Además de aprender sobre sus propias habilidades y las prioridades de la organización, los líderes efectivos también aprenden sobre la industria de la que su organización es parte. Si está trabajando para una compañía de tecnología, por ejemplo, conozca las actualizaciones en su industria, especialmente sobre su competencia. Además, tenga en cuenta los cambios económicos y políticos que afectan la capacidad de su organización para alcanzar sus metas. Como líder, también debe tomar nota de los cambios en los factores que afectan la productividad de sus seguidores.

Los líderes eficaces aprovechan toda la información gratuita que pueden obtener. Por ejemplo, podría estudiar los materiales de prensa dentro de la organización. Aprenderá mucho sobre las estrategias de mercadotecnia de su compañía al estudiar cómo interactúa con la prensa.

Aparte de esto, también debe conocer todos los memos y otras formas de comunicación interna. Intenta buscar cambios en las políticas de la empresa. También es ventajoso conocer las posicionesdisponibles en la empresa y las nuevas posiciones que se están creando.

Al asistir a las reuniones trimestrales, por ejemplo, aprenderá mucho sobre el estado actual de su organización. Aprenderá mucho sobre la organización y la industria al relacionarse con otros líderes y seguidores.

Para estar totalmente al tanto de las cosas que suceden en su industria, también debe dedicar una hora de su semana a leer reportajes de noticias sobre sus competidores.

Construya Relaciones

En el proceso de aprender sobre su industria, intente establecer relaciones dentro y fuera de su organización. En su organización, haga un punto para comenzar a establecer relaciones con otros líderes que estén al menos un nivel por encima de usted. Fuera de la empresa, también puede tomarse un tiempo para saber quiénes son las personalidades prometedoras. Le será útil encontrar oportunidades para estar en la misma habitación con ellos y entablar relaciones.

Los líderes eficaces entienden que las relaciones importantes toman tiempo para desarrollarse. Usted no ganará relaciones importantes de la noche a la mañana. Para establecer relaciones profesionales, convierta en un hábito mostrar interés genuino a las personas que más desea conocer. Losnetworkers exitosos muestran un compromiso total cada vez que están en una conversación con las personas con las que desean conectarse. Por ejemplo, siempre mantienen el contacto visual y siempre tienen presencia mental al hablar. También tratan de evitar mirar sus teléfonos o mirar alrededor mientras habla con estas personas.

También es un buen hábito aprender sobre las personas detrás de las posiciones. La mayoría de las personas solo quieren hablar sobre su trabajo y sus estrategias. En lugar de hacer esto, podría ser un buen punto aprender sobre la vida de la persona. Por ejemplo, pregunte acerca de sus familias y sus intereses personales fuera del trabajo.

Mientras interactúa con las personas, también trate de aprender cómo se comunican. También puede observar las señales verbales y no verbales que la persona usa para comunicarse. Al aprender este tipo de información de sus conexiones, podrá leer a las personas de manera más efectiva. Usted será capaz de evaluar si la persona es confiable o no. Podrá identificar las emociones que la persona está tratando de contener.

Obtener los tipos correctos de conexiones le da la posibilidad de pedir favores en el futuro. Si bien la mayoría de nosotros queremos evitar el uso de estos favores, llegará un momento en que necesitará ayuda. Si mantiene una buena relación con las personas que lo rodean, no dudarán en ayudarlo si pueden.

De la misma manera, también trate de ayudar a las personas a su alrededor, si puede. Cuando las personas pidan su ayuda, al menos intente ayudar a esa persona. Debe considerar la cantidad de valor futuro de esa persona para su carrera. Como mínimo, los favores que la gente le debe pueden ser utilizados para ayudarlo a realizar su tarea diaria como líder en su organización.

Capítulo 2– Aprenda sobre sus seguidores

Ahora que conoce el terreno de juego en el que ejercerá su liderazgo, puedecomenzar a centrarse en sus seguidores. En general, quiere saber cuál es la mejor manera de utilizar sus recursos humanos para alcanzar los objetivos de la organización.

¿Quiénes son sus seguidores?
¿Es un colaborador individual?

Debe comenzar por identificar los tipos de personas que lidera. Todas las personas comienzan como contribuyentes individuales en la organización. Si bien esto generalmente incluye las posiciones de nivel más bajo en el organigrama, ya puede comenzar a practicar sus habilidades de liderazgo desde aquí. En este nivel, su objetivo es orientarse para mejorar sus contribuciones individuales a la organización. También puede comenzar a construir su reputación de liderazgo siendo confiable.

¿Es usted un gerente?

Si usted es un administrador de algún tipo en su empresa, es probable que esté liderando un grupo de contribuyentes individuales. Cuando se le asigna un puesto directivo, la empresa asume que ya es un experto en ser un contribuyente. Su objetivo es traducir su conocimiento sobre cómo mejorar el rendimiento individual hacia sus seguidores. Utiliza su experiencia de ser un colaborador para ayudar a otros a ser más productivos y eficientes en su trabajo.

¿Es usted un líder de líderes?

Eventualmente, obtendrá una posición en la que liderará a otros líderes. Las personas en la industria de recursos humanos usualmente obtienen este tipo de trabajo. Idealmente, no debería tomar una posición como esta si no tiene experiencia en ser un gerente / líder de contribuyentes individuales.

¿Es usted un líder organizacional?

Si continúa avanzando en su carrera, tendrá la oportunidad de ser un líder que crea cambios en las políticas de la compañía. Cuando obtiene este tipo de trabajo, ya está liderando funciones y divisiones completas. Estos puestos suelen ser entregados a vicepresidentes de empresas.

¿Eres el máximo líder de tu organización?

Por último, también se le podría asignar la tarea de dirigir organizaciones enteras. Los presidentes o presidentes ejecutivos de empresas tienen este tipo de rol. Este tipo de liderazgo requiere un conjunto diferente de habilidades en comparación con los líderes de nivel inferior.

Para ser este tipo de líder, debe tener una visión de cómo quiere que se convierta la organización. Si la organización ha alcanzado su rendimiento máximo, este tipo de líder encuentra una manera de reinventar la compañía para que se rejuvenezca y continúe creciendo.

Con grandes poderes vienen grandes responsabilidades

A medida que asciende en los rangos de su organización, el impacto de su éxito en su liderazgo aumenta y el alcance de su toma de decisiones aumenta. Si usted es gerente, sus decisiones solo afectan a una sucursal de la empresa. Sin embargo, a medida que pasa a ser director regional, sus decisiones ahora afectarán a varias sucursales en una región específica.

Los riesgos de su toma de decisiones también aumentan. Si comete errores al tomar decisiones, la cantidad de dinero perdido y las consecuencias relacionadas con el negocio son mayores si se encuentra en los escalones más altos de la compañía.

Por último, las personas en posiciones más altas de liderazgo en una organización están a cargo de los cambios que crean efectos a largo plazo en la organización. Los vicepresidentes y los directores ejecutivos son responsables de los cambios a largo plazo que colocan a la organización en posiciones ventajosas cuando compiten en el futuro.

¿Qué quiere que hagan sus seguidores?

Después de identificar a sus seguidores, debe definir lo que quiere que logren. En la mayoría de los casos, los objetivos son dictados por la organización. Si bien la organización puede darle los números de ventas o los objetivos del proyecto, puede cambiarlos de acuerdo con su conocimiento de las capacidades de sus seguidores.

Digamos que la organización quiere que doble la producción de su equipo en el mes siguiente. Sin embargo, eres consciente de que tu equipo tiene el potencial de hacerlo mejor. Puede motivar al equipo para que lo haga mejor que el objetivo requerido por la organización.

Por otro lado, también puede bajar el juego de barras para su equipo si cree que es prudente hacerlo. Digamos que una universidad está presionando a su equipo de baloncesto para que se convierta en campeones estatales. Sin embargo, el entrenador sabe que la hazaña es imposible en el estado actual del equipo. En lugar de apuntar hacia el oro, el entrenador solo motiva al equipo a hacer lo mejor y ganar experiencia. Pueden alcanzar mejores resultados cuando los jugadores hayan adquirido la experiencia necesaria.

Los objetivos de la organización también varían en función de su etapa actual de desarrollo. Una organización que acaba de lanzar requerirá más trabajo. Sin embargo, habrá más hitos en estas empresas en comparación con las organizaciones ya establecidas. Un líder en este tipo de organización tendrá menos recursos. Sin embargo, las expectativas son también considerablemente menores.

Una organización madura, por otro lado, requerirá más administración que liderazgo estratégico. En una organización más antigua, puede ser más importante explorar nuevos mercados, desarrollar nuevos productos y reinventar la cultura de la compañía para rejuvenecerla.

Capítulo 3 - Póngase en los zapatos de sus seguidores

Para convertirse en un líder eficaz, debe influir en las personas a las que dirigepara que trabajen para lograr su objetivo. Quiere que todos los miembros de su organización participen. En algunas ocasiones, deberá motivar a las personas para que sigan realizando las acciones que prescribe, incluso si no lo desean.

Si alguna vez ha intentado liderar personas en el pasado, sabe que las tareas antes mencionadas son más fáciles de decir que de hacer. Muchas razones vienen a la mente de por qué muchas personas fracasan en ser líderes eficaces. Sin embargo, una de las razones recurrentes siempre tiene algo que ver con la distancia entre el líder y sus seguidores.

Sus seguidores están enfocados en sus propios objetivos

La mayoría de las personas piensan que pueden ser líderes efectivos si solo comunican la meta a sus seguidores. Sin embargo, aprenden de la manera más difícil que se necesita más que eso para influir en el comportamiento de otras personas. Si desea influenciar sobre cómo actúan otras personas, primero debe aprender sobre ellas.

La mayoría de las personas son egocéntricas. Se consideran a sí mismos los protagonistas de su propia película. Piensan que cualquier otra persona es un personaje secundario que le ayudará a crear su historia. Es casi imposible cambiar esta forma de pensar.

Sus seguidores tienen una forma de pensar similar. Siempre están pensando en su propio interés. No les importan los objetivos de la organización. A la mayoría de ellos no les importa cuánto trabajaste como líder. En su lugar, están más interesados en trabajar hacia sus propios objetivos personales.

Su trabajo como líder es descubrir los objetivos de sus seguidores. Necesita aprender sobre lo que quieren en la vida. También podría ser útil conocer sus principales prioridades. Al aprender acerca de estas cosas, podrá ajustar su manera de motivar a sus seguidores.

Aprenda sobre sus seguidores poniéndose en su posición

La mayoría de los gerentes están demasiado enfocados en los objetivos de su organización o de su compañía y no piensan en cómo se sienten sus seguidores. Esto generalmente lleva al descontento entre los seguidores y terminan ignorando los objetivos de la compañía.

Por ejemplo, es común que los empleados

descontentos piensen que la empresa no se preocupa por ellos. Quienes se encuentran en los rangos más bajos de las empresas a menudo piensan que el liderazgo nunca ha experimentado su trabajo.

Los empleados descontentos a menudo sienten que son tratados como recursos en lugar de seres humanos.

En la mayoría de los casos, los sentimientos de los empleados están justificados. Losformuladores de políticas en la mayoría de las grandes empresas nunca experimentaron trabajar ocho horas de trabajo manual por día. Como resultado, sus empleados los ven como jefes que necesitan ser seguidos. No son vistos como líderes influyentes.

El liderazgo autoritario solo funciona para proyectos a corto plazo. Sin embargo, si desea influir en las personas a largo plazo, es posible que se requiera un mejor enfoque. Necesita aprender sobre las personas que lideras poniéndose en sus zapatos.

Si quiere que sus seguidores crean en usted, debe hacerles pensar que se preocupa por su bienestar. Para comunicar efectivamente a sus seguidores que los entiende, trate de ver las cosas desde su perspectiva.

Puede hacer esto aprendiendo sobre los pequeños detalles de la vida de sus seguidores. Por ejemplo, en su hora de almuerzo, invite a uno de sus seguidores a almorzar con usted. Mientras come, puede preguntarle sobre su vida personal. También pregúntele dónde vive y cómo llega al trabajo desde su casa. También puede preguntar por su familia. Al hacer esto, instantáneamente construye una relación con sus seguidores.

Algunas personas dudarán en abrirse a usted. Puede hacerles confesar sobre sus vidas personales al dar algunos detalles de su propia vida personal. Esté preparado con historias que sugieran vulnerabilidad. Cuando sus seguidores le ven abrirse, pueden hacer lo mismo.

Cuando esté solo después del almuerzo, podría tratar de imaginar cómo es para esa persona venir todos los días y hacer sus tareas en el trabajo. De esta manera, conocerás las motivaciones de otras personas.

Cree el hábito de estar interesado en la vida de otras personas

A la gente le gusta hablar de ellos mismos. No debe limitar su curiosidad a las personas que lidera. En su lugar, convierta en un hábito interesarse en las vidas de otras personas. Esto le permitirá aprender cómo las vidas de otras personas son diferentes a las suyas. Esto lo expondrá a muchas fuentes de motivación que puede utilizar en sus roles de liderazgo.

Cuando conozca gente nueva, puede pensar en preguntas para hacer. Mientras hablan, esté atento y escuche activamente lo que tienen que decir. Puede mostrar esto mirándolos a los ojos cuando hablan y permitiéndoles que terminen antes de comenzar a agregar sus propios comentarios. Evite imponerse a los demás.

En lugar de dar sugerencias o consejos, entrénese para seguir haciendo preguntas cuando esté en una conversación. Nunca sabe lo que puede aprender preguntando sobre las experiencias de otras personas.

Al aprender activamente sobre las vidas de otras personas, crea una conexión profunda con ellos. La mayoría de las personas le amarán cuando vean su aprecio por su vida y por su trabajo. Debido a que la mayoría de las personas disfrutan hablar sobre ellas mismas, disfrutarán hablando con usted y pensarán que es fácil hablar con usted.

Elija a las personas con las que construye relaciones

Como líder, no tendrá tiempo suficiente para aprender sobre todos sus seguidores. En lugar de almorzar con todos sus seguidores, elija solo un puñado para conectarse. Puede referirse a este grupo de personas como su "grupo de mente maestra". Este grupo debe estar compuesto por seguidores que sean lo suficientemente competentes como para delegarles trabajo.

Capítulo 4 - Trate de hacer felices a todos los interesados

La mayoría de los tipos de roles de liderazgo todavía necesitan tratar con jefes o personas con posiciones más altas. Podemos referirnos a los jefes como supervisores porque supervisan el trabajo de los líderes.Para la mayoría de los gerentes de negocios, por ejemplo, los supervisores son el CEO u otros ejecutivos de la compañía. Para la mayoría de las personas que trabajan por cuenta propia, los supervisores son los clientes. Incluso los CEOs deben tratar con los accionistas de la compañía y asegurarse de que estén contentos con las ganancias de la compañía.

La mayoría de los roles de liderazgo son un acto de equilibrio entre los deseos y necesidades de los supervisores y los deseos y necesidades de los seguidores. El empleado promedio, por ejemplo, solo se preocupa por su pago al final del día. También pueden preocuparse por la hora en que salen del trabajo o la cantidad de días que pueden descansar del trabajo.

Por otro lado, en un negocio regular, los supervisores habituales (ejecutivos y accionistas) quieren que las ganancias aumenten. Quieren maximizar la cantidad de tiempo y la productividad que se pueden exprimir de cada empleado. La mayor parte del tiempo, el conflicto en interés de los supervisores y seguidores es la gran barrera para lograr el éxito de la organización.

Establecer expectativas más bajas con los supervisores

Una vez que asuma la posición de liderazgo, intente tomar el control de las expectativas de los supervisores. Cuando se habla de proyecciones de ganancias para los accionistas, por ejemplo, dígales que la compañía se enfrenta a un año económicamente difícil. Si necesita organizar un evento para la organización, trate de enfatizar las dificultades de organizar el evento cuando se reúna con los supervisores.

Sobre prepárese para la tarea en cuestión

Esto no significa, sin embargo, que pueda reducir sus objetivos o tener un rendimiento inferior. Todavía necesita trabajar duro, incluso si ha reducido con éxito las expectativas del supervisor. Aún debe mostrarles un plan sobre cómo logrará el objetivo que la organización desea. Sin embargo, no debe permitir que los supervisores establezcan metas y objetivos imposibles. Estos tipos de objetivos y metas serán una carga para sus seguidores. Si los objetivos son demasiado difíciles, es posible que tenga que presionar a tus seguidores hacia una existencia similar a la de un esclavo en el trabajo. Esto te hará menos popular. Es mejor establecer un estándar más bajo para los más altos.

Entregue más allá de las expectativas de los supervisores.

Si ha bajado con éxito las expectativas de los supervisores, el siguiente paso es cumplir con su promesa. Al hacerlo, puede obtener recompensas por alcanzar cuotas u obtener bonos de productividad. Satisfará las expectativas de los supervisores porque disminuyen a niveles manejables. También mejora su popularidad entre sus seguidores porque los ha llevado al éxito.

Evite tomar roles de liderazgo cuando las expectativas son demasiado altas

Un líder que toma las riendas de la compañía en una economía en auge está condenado al fracaso. Cuando la economía está en auge, los números de ventas suelen aumentar. Las
ganancias van en aumento a nuevas alturas, al igual que las cuotas y expectativas de los supervisores. Es casi

imposible para los nuevos líderes bajar las expectativas de los supervisores en este punto.

Será más difícil para los nuevos líderes tomar la posición de liderazgo en estos momentos. Cuando comience la parte de "quiebra" del ciclo de auge y caída, se le culpará por el hecho de que la empresa no haya alcanzado sus objetivos, aunque la organización nunca tuvo la oportunidad de alcanzar sus objetivos. Usted será el chivo expiatorio de la empresa y los supervisores para salvar la cara al público y a sus empleados.

Puede tener su reputación dañada más allá de la posibilidad de recuperación. La gente te verá como un fracaso. No considerarán que las probabilidades estaban en contra de usted cuando asumió el papel de liderazgo. Sólo se centrarán en su fracaso.

En su lugar, debe programar su entrada a las posiciones de liderazgo en un momento en que la organización está minimizada. Por ejemplo, cuando toma un puesto de entrenador, es más fácil para un buen entrenador construir su reputación con un equipo de menor rango. Si toma el control de un contendiente de campeonato, cualquier logro por debajo de la meta del campeonato se considerará un fracaso. Si el entrenador toma un equipo perdedor, cualquier resultado mejor que la clasificación del año anterior se considerará un éxito.

Este enfoque de liderazgo se utiliza mejor si está comenzando con su carrera de liderazgo. Es mejor liderar y mejorar las organizaciones con mal desempeño hacia la gloria.

Capítulo 5 - Trabaje en mejorar su reputación

Un líder con una reputación más grande que la vida puede influir en las personas desde el primer día. Si usted es popular como líder, su reputación comenzará a precederle ante sus futuros seguidores. La gente esperará trabajar con usted. Querrán ser su aprendiz porque es considerado una persona importante en su industria.

Para crear este tipo de reputación, necesita planificar su imagen y comenzar a acumular logros.

Mantenga a sus supervisores felices

Es importante mantener contentos a sus supervisores y mantener sus conexiones con ellos. La mayoría de las personas dejan sus trabajos con una mala relación con sus antiguos jefes. Esto suele ser un mal movimiento, la carrera profesional.

Cuando esté en un trabajo o en un puesto en la empresa, intente mantener contentos a los supervisores. A medida que abandona la empresa, es mejor mantener intacta la relación con su supervisor para que aún pueda solicitar una referencia de ellos. También es beneficioso para su carrera evitar cualquier conflicto con ellos porque aún los necesitará en el futuro.

De la misma manera, trate de tener en cuenta los sentimientos de sus supervisores. Al igual que otras personas, los jefes tienden a ser vanos con su reputación. Incluso si hizo todo el trabajo para un proyecto en particular, todavía debe reconocer la participación de sus jefes en el proceso. Trate de darles crédito por el consejo que dieron y sus habilidades para tomar decisiones a lo largo del proceso.

Si usted toma todo el crédito de sus supervisores, sus egos pueden lastimarse y esto puede ir en su contra. Si no les da un poco de crédito, pueden sentirse celosos de sus logros. Algunos de ellos incluso pueden sentirse inseguros y sentir que usted está tratando de hacerse cargo de sus trabajos.

No desea este tipo de relación con sus supervisores. Desea mantenerlos satisfechos mientras no esté listo para reemplazarlos.

Mantenga ocultas sus intenciones personales tanto de los supervisores como de los seguidores.

Al igual que la empresa o la organización, usted tiene su propio objetivo personal que desea lograr. Debe mantener estos objetivos personales ocultos a sus jefes, así como a sus seguidores. Cuando las personas saben lo que quiere lograr, tienen más posibilidades de manipularle. Conectarán fácilmente su comportamiento hacia sus intenciones. Los jugadores más inteligentes de su organización también podrán adivinar sus próximos movimientos porque saben lo que usted quiere.

Al mantener sus intenciones ocultas a las personas que lo rodean, puede ser más impredecible en su comportamiento. Digamos que algún día quiere convertirse en el CEO de su empresa. El CEO actual sentirá que quiere reemplazarlo en su puesto. Otras personas que aspiren a la posición también sabotearán su éxito para limitar el número de competiciones por el puesto.

Si mantiene sus intenciones ocultas, podrá prepararse para su objetivo sin que la gente se interponga en su camino. Deje que las personas interesadas en la posición se peleen por ella mientras acumula recursos para su campaña, para su objetivo personal.

Puede mantener sus intenciones ocultas a las personas de su organización no hablando mucho de ello. Si desea convertirse en presidente de la compañía, por ejemplo, trate de evitar hablar de ello con las personas que lo rodean.

Si desea en el futuro dejar su trabajo para comenzar su propio negocio, mantenga sus planes para usted mismo hasta que esté listo para separarse de la compañía. La información puede llegar a sus superiores y pueden tratar de demorar su éxito para que no abandone la compañía.

Mantenga sus intenciones guardadas en su mente. Al conversar, algunas personas pueden preguntarle acerca de sus metas personales. Esté preparado con un guion para responder a esta pregunta. En general, puede ser más fácil decirles a estas personas lo que quieren escuchar para que dejen de hacerle preguntas.

Para mantener sus intenciones ocultas, limite sus reacciones cuando hable sobre las cosas que desea. Por ejemplo, cuando hable con su jefe, trate de limitar sus reacciones, cuando hable acerca de promociones, especialmente si no está listo para asumirlas. En su lugar, solo debe mostrar interés en esta cuando esté en posición de tomarla.

Si muestra sus intereses demasiado pronto, las personas que intentan manipularlo pueden intentar usarlo para controlar su comportamiento. Tus jefes y tus seguidores por igual intentarán hacer esto. En el proceso, estará actuando hacia sus deseos en lugar de hacia sus propios objetivos personales.

Establezca la base de su liderazgo

Todos los líderes exitosos tienen valores y principios que se convierten en la base de su liderazgo. Estas cualidades los separan de los líderes amateur. Desde el principio, piense en los valores y principios que desea agregar a su marca de liderazgo.

Entre ellos, debe hacer que la integridad sea la base o la fundación de su estilo de liderazgo. Si actúa con integridad la mayor parte del tiempo, sus seguidores pensarán que pueden confiar en usted. No dudarán de que sus sugerencias y acciones son para el mejoramiento del equipo.

Aparte de la integridad, también incluya productividad y trabajo duro como parte de los valores que mantiene. También puede incluir una actitud ganadora y un espíritu competitivo. También puede incluir el impulso constante de superación personal en la lista.

Depende de usted elegir los valores que

desea incluir en su marca personal de liderazgo.

Hable y actúe de acuerdo con sus rasgos de liderazgo elegidos

Después de elegir los valores y principios que desea que se conviertan en la base de su liderazgo, conviértalos en su guía para tomar decisiones en sus actividades diarias de liderazgo.

Si piensas en la integridad como la base de su liderazgo, por ejemplo, no dirá ni hará nada deshonesto. Siempre elegirá la opción justa y honesta al tomar decisiones. Si quiere que su equipo trabaje duro, también debe incorporar ese rasgo. Demuéstrales que es un líder eficaz trabajando duro. Además, convierta en un hábito ser el primero en llegar a la oficina para la jornada laboral y estar con el equipo cuando más se necesite su liderazgo.

Los líderes cuyas palabras son consistentes con sus acciones son considerados más creíbles y confiables por los empleados. Los estudios demuestran que este tipo de líder es más eficaz para mejorar la moral, la productividad y el compromiso laboral de los empleados.

Por otro lado, los líderes que son vistos como deshonestos crean una atmósfera de desconfianza y cinismo en la organización. Esto lleva a la baja moral y bajo rendimiento de los empleados.

Demuestre su espíritu competitivo

Sólo las personas competitivas son aptas para ocupar puestos de liderazgo. Si no suele ser competitivo, cambie sus maneras para crear una reputación con la que luchará por lo que cree que es correcto. Los supervisores adoran contratar líderes que saben que lucharán por los objetivos de la empresa. A los seguidores también les encanta seguir a líderes competitivos porque este tipo de líderes tienen más posibilidades de tener éxito.

Lo ideal es evitar la competencia en los negocios siempre que sea posible. Esta práctica le permite preservar sus recursos a largo plazo. Sin embargo, hay ocasiones en las que solo necesita competir con otras personas u organizaciones. Cuando se vea en una posición así, prepárese para enfrentar el desafío. Debe aprender a competir para alcanzar los objetivos de la organización. Al mostrar esta característica a sus seguidores, también está creando el mismo espíritu competitivo entre ellos.

Al crear un sentido de competencia, le dará a sus seguidores una razón para seguir siendo persistentes. Despertará la necesidad de ganar entre sus seguidores. Les dará una razón para levantarse cada mañana y comenzar a trabajar.

Para mostrar su espíritu competitivo, intente mostrar persistencia en la acción hacia sus objetivos. El mejor momento para mostrar su espíritu competitivo es cuando usted o su organización se enfrentan a la adversidad. En tiempos económicos difíciles, por ejemplo, la mayoría de la gente renunciaría a alcanzar cuotas de ventas. Un líder competitivo, por otro lado, continuará buscando formas de trabajar hacia el éxito.

El líder puede intentar entrar en un nuevo mercado. También puede usar nueva tecnología para llegar a más personas a quienes vender. El espíritu competitivo por sí solo no garantizará que logrará liderar su organización. Sin embargo, toma un largo camino para motivar a sus seguidores a seguir trabajando arduamente para los objetivos de la organización.

Manténgase relevante en sus círculos

No tendrá ninguna reputación que defender si la gente se olvida de usted. Los líderes eficaces evitan esto a toda costa manteniéndose relevantes en sus círculos.

Muchas personas desdeñan la idea de ser el centro de atención. Trate de adoptar este rol para que siempre lo recuerden las personas que le rodean.

Debe convertirse en el centro de atención de una manera sutil. Por ejemplo, trate de usar sus habilidades y los atributos personales que otras personas no tienen. Por ejemplo, si tiene buena apariencia convencional, úselo como un activo para llamar la atención. También puede usar la moda para mejorar los aspectos únicos de su apariencia.

Protejasu trabajo e ideas de los ladrones de créditos

Debe tener su propio cuadro de responsabilidades cuando trabaje. Este es un cuadro que muestra sus logros durante cada día laboral. Convierta en un hábito informar las tareas que hizo para su empresa a su jefe al final de cada día. Al hacerlo, evita que otras personas tomen el crédito del trabajo que usted realizó.

El mismo nivel de diligencia se debe hacer cuando usted está en una posición de liderazgo. Asegúrese de proteger el trabajo de las personas que le siguen. Debe asegurarse de que se otorga el crédito a la persona adecuada. Si el crédito se traduce en recompensas en la vida real, es importante para sus seguidores que las personas que merecen las recompensas las reciban.

Al proteger las obras e ideas de su grupo contra el robo, usted mejora su reputación entre sus seguidores. Sus seguidores pensarán que usted es digno de confianza y que compartirán sus ideas con usted sin temor a que usted se las acredite.

Si puede, evite los argumentos

Los argumentos son a menudo una pérdida de tiempo. Los líderes que discuten demasiado no hacen el trabajo.
En lugar de ser etiquetado como una persona argumentativa, cree la reputación de ser un hombre o una mujer de pocas palabras. Elija ser conocido como una persona de acción. Sus acciones deben conducir a su éxito.
La mayoría de la gente creará juicios cuando le observen mientras está discutiendo. Otros intentarán usar sus emociones en su contra. Si tiene la reputación de tener mal genio, la gente

usará sus frecuentes ataques de ira para nublar su juicio.

Elija actuar con inteligencia emocional

Cuando lidere a otros, se encontrará con diferentes tipos de personalidades. Algunos de ellos son fáciles para trabajar. Si tiene una opción, debe buscar personas cuyos hábitos de trabajo combinen bien con los suyos.
Sin embargo, en la mayoría de los casos, siempre habrá alguien en el grupo cuyo tipo de personalidad chocará con el suyo. Los malentendidos siempre surgen durante situaciones estresantes. En estos momentos, los líderes eficaces siempre actúan con inteligencia emocional.

La inteligencia emocional le permite actuar objetivamente incluso en situaciones estresantes. Una persona con una inteligencia emocional poco desarrollada se agita fácilmente. Se enoja o se emociona fácilmente, especialmente en situaciones de presión.

Para comenzar a desarrollar su inteligencia emocional, mire hacia atrás en su comportamiento pasado y verifique cómo actúa en situaciones estresantes. Trate de identificar las emociones que proyecta hacia el exterior que pueden dañar sus relaciones en el futuro.

Después de identificar sus reacciones emocionales comunes, intente identificar los desencadenantes de estas emociones. También debe identificar las manías de su mascota para estar más preparado cuando las encuentre en el futuro.

Si identifica exitosamente sus desencadenantes, comience a buscar soluciones a estas reacciones emocionales. Algunas personas, por ejemplo, encuentran que es eficaz alejarse de la situación estresante y pensar antes de tomar una decisión.

Después de recibir noticias negativas, por ejemplo, la mayoría de las personas optan por hacer la primera reacción que les viene a la mente. Algunos llorarían mientras que otros se enojarían.

En el momento en que experimente un desencadenante emocional, es el momento en que es más vulnerable a los arrebatos emocionales. Su objetivo durante estas situaciones estresantes es retrasar el arrebato emocional para que la mente tenga tiempo para procesar las emociones y la situación detrás del mismo. Después de demorar el arrebato emocional, intente encontrar formas de canalizar sus emociones sin ser agresivo con otras personas. Algunos líderes usan el ejercicio para liberar la tensión de sus días estresantes.

Algunas personas también escriben en sus diarios personales sus pensamientos y sentimientos acerca de una situación. A otros les resulta más eficaz comunicarse con sus confidentes. Debe encontrar su propia manera de aliviar el estrés.

Controle sus emociones al interactuar con sus seguidores

La mayoría de los líderes autoritarios utilizan el miedo como una táctica para mantener a sus seguidores a raya. Estos tipos de líderes utilizan la ira y la agresión como su principal forma de lidiar con el estrés.

Si bien el miedo puede funcionar en algunos casos, solo funciona por períodos cortos. Cuando los seguidores están en un estado constante de miedo, tienden a estar más estresados. Esta sensación constante de estrés drena su energía a lo largo de la jornada laboral. Ya no están comprometidos en el trabajo que están haciendo porque solo esperan que cada día termine. El nivel de energía en el lugar de trabajo disminuye cuando el jefe no está observando y la productividad disminuye.

Para un enfoque más sostenible, los líderes efectivos optan por utilizar un enfoque firme pero enriquecedor hacia sus seguidores. En tiempos de estrés, no se comunican con la agresión. En cambio, comienzan cada conversación con empatía. Utilizan guiones como:
"Sé que esto no es fácil para ti" o "Entiendo que estás teniendo dificultades"
Al señalar los cambios que deben realizarse, un líder eficaz no culpa a los demás, sino que trata de centrarse en la solución del problema. En lugar de culpar a la organización o a los empleados, un líder eficaz enfoca la conversación en el resultado que desea y las soluciones para lograrlo.
También debería hacer lo mismo. Al actuar

con inteligencia emocional y controlar su emoción cuando trate con seguidores, está protegiendo su reputación como líder. Los líderes que están tranquilos frente al estrés son los que tienen más éxito en influir en sus seguidores.

La ira debe usarse estratégicamente

Hay momentos en los que se justifica mostrar ira y agresión. En los deportes, por ejemplo, los líderes de equipo generalmente muestran enojo por la situación como resultado de su pasión por el juego. A veces, la ira y la agresión como un signo de pasiones, motivarán al equipo a mejorar.

Sin embargo, solo debes usarlo en situaciones seleccionadas. Antes de mostrar la ira, primero intente evaluar si es realmente la opción más estratégica. Además, debe asegurarse de que su ira o sus actos de frustración no estén dirigidos hacia su propio seguidor.

Capítulo 6 - Trucos sutiles para influenciar a las personas

Como líder, quiere convertirse en un maestro manipulador sin la reputación de serlo. Cuando la gente piense que le gusta jugar juegos mentales, serán cautelosos cada vez que traten con usted.

Su influencia hacia los demás comienza con la forma en que le ven como persona. Quiere que la gente le quiera. Si les gusta lo suficiente, pueden dar paso a sus peticiones y sugerencias.

Quiere que sus seguidores y sus supervisores mantengan la guardia baja cuando tratan con usted. Puede hacer esto creando una impresión de ser más tonto de lo que realmente es. La mayoría de las personas son demasiado vanas para que otros piensen que son tontas.

No se deje atrapar cuando esté estudiando a la gente

Los líderes eficaces no muestran signos de

que están estudiando a otras personas. Cuando observes seguidores clave, sea sutil. De ser posible, solo observe a sus seguidores clave cuando no tengan forma de verle. Podría hacer esto detrás de espejos unidireccionales o a través de cámaras.

Cuando observe a otras personas, su objetivo es descubrir qué los motiva. Con la mayoría de las personas, aprenda esta información simplemente mirando sus cuentas de redes sociales. La mayoría de las personas mostrarán el origen de sus pasiones a través de sus publicaciones personales. Un padre, por ejemplo, publica principalmente sobre sus hijos. Esto puede significar que están trabajando duro porque quieren que sus hijos tengan una buena vida. Es posible que pueda motivar a este tipo de seguidor al otorgar recompensas relacionadas con sus necesidades de crianza.

Por otro lado, una persona que siempre está publicando sobre compras en su cuenta de redes sociales puede amar las cosas lujosas. Él o ella pueden ser fácilmente motivado con recompensas materiales.

Use las pasiones de la gente para motivarlos

Los mejores líderes ajustan sus métodos de motivación en función de la fuente de pasión de la persona que motivan. Las recompensas, por ejemplo, son los tipos más comunes de motivación usadas por los líderes. Sin embargo, las recompensas solo funcionarán para objetivos a corto plazo. Si desea mantener los esfuerzos motivados de sus seguidores, desea alinear los objetivos de la empresa u organización con los objetivos de la persona que está tratando de motivar. Por ejemplo, si está tratando con un hombre de familia, es posible que él quiera ser promovido para poder satisfacer las necesidades futuras de su familia. Si ve evidencia en su observación sobre esa persona de que esto es cierto, debe usar esta información para mejorar el desempeño de la persona en el equipo.

Puede crear un plan paso a paso para que esa persona sea promovida. En el plan, agregue tareas que personalmente quiere que él realice. Luego puede decirle a esa persona que se le considerará para la promoción si cumple las tareas del plan de acción.

Al realizar el método anterior, podrá motivar a la persona para que se desempeñe mejor. Si está considerando más de una persona para la promoción, puede avisarles con anticipación. La persona con el mejor conjunto de habilidades para la posición debe salir en la parte superior.

Evita hacer críticas

Muchos gerentes intentan mejorar el desempeño de otras personas al señalarles los errores que cometieron. Desafortunadamente, a estos gerentes nunca se les informó que la mayoría de las personas no responden bien a las críticas. En lugar de hacerlo bien, las personas tienden a tener un desempeño menos efectivo cuando son criticadas.

Al tratar de influir en los demás, motivará mejor a los demás si evita criticar su trabajo. En lugar de criticar, sugiera alternativas a lo que están haciendo. Por ejemplo, puede señalar que cuando estuvo en su posición, cometió muchos errores. Luego podría elaborar los errores que no desea que se repitan. Al decirlo de esta manera, nunca los critica por sus errores. En cambio, les está diciendo que cometió los mismos errores en el pasado y que pudo mejorar su desempeño al hacer ciertos cambios.

Baje la guardia de sus seguidores siendo más fácil de relacionar

La mayoría de las personas piensan que ser un líder significa que deben mantener una imagen perfecta. Este no es siempre el caso. Si eres demasiado perfecto a los ojos de tus seguidores, es posible que no sigan tu consejo porque no eres muy fácil de relacionarte. La gente suele seguir a los líderes que se ven a sí mismos.

Por ejemplo, es más probable que un grupo de estudiantes siga a un maestro más cercano a su edad en lugar de a alguien significativamente mayor. Es más probable que los maestros más jóvenes vean la situación desde los ojos de los estudiantes. Esta perspectiva compartida le permite al maestro más joven cerrar la brecha entre el maestro mayor y los estudiantes.

Si no se puede relacionar con los ojos de las personas que se supone debe liderar, será difícil motivarlos para que hagan lo que espera. No confiarán en usted y siempre estarán en guardia cuando traten con usted. Cuando su guardia esté levantada, es menos probable que presten atención a sugerencias y consejos.

Para ser más fácil de relacionar con las personas que dirige, debe mostrar signos de que es como ellos. Hay muchas maneras de lograr esto. Por ejemplo, puede elegir ocasiones especiales para vincularse con sus seguidores. Al vincularse con ellos, participe en sus actividades para ser aceptado por el grupo.

También puede hacer esto pasando tiempo con las personas que dirige en los días laborales normales. Por ejemplo, pase la hora del almuerzo con ellos o invite a algunos de los miembros más influyentes del grupo a cenar. Usted podría ganar a esa persona para que él o ella le presenten al grupo.

En casos más extremos, podría reducir la protección de sus seguidores si muestra un signo de vulnerabilidad. Por ejemplo, trata de defender al grupo contra tu propio jefe.

En casos más extremos, podría reducir la protección de sus seguidores si muestra un signo de vulnerabilidad. Por ejemplo, trate de defender al grupo contra tu propio jefe. Haciendoasí, podrá ganarse la confianza de sus seguidores. Si bien esto es efectivo para ganarse la confianza de sus seguidores, también es arriesgado. Los líderes efectivos solo hacen esto cuando están seguros de que su supervisor no se librará de ellos por hacerlo. Si confía en su supervisor, también puede resolver el malentendido solo para ganarse la confianza de sus seguidores.

Reflejar las acciones de la otra persona

Cuando hable con alguien a quien quiera influenciar, use la técnica de reflejo para que la otra persona le agrade. Para utilizar esta técnica, primero observa los pequeños gestos de la persona con la que está hablando. A algunas personas, por ejemplo, les gusta cruzar las piernas de cierta manera. Otros tienen la compulsión de tocarse el cabello cuando están estresados.

Observe las pequeñas cosas que hace la persona con la que está hablando. Después de unos minutos, intente copiar el gesto o manierismo. Además, asegúrese de que la otra persona le esté mirando cuando lo haga.

Cuando refleja los gestos o acciones de otra persona, está demostrando que tiene similitudes con esa persona. La persona con la que está hablando pensará que usted se puede relacionar y aumenta la posibilidad de que sigan lo que usted está diciendo.

Influenciar a las personas en función de su necesidad de creer

Los seres humanos son creados con la necesidad de creer. Esta es la razón por la cual la mayoría de las personas todavía siguen las religiones, aunque no hay pruebas de que existan seres sobrenaturales. Las personas están mentalmente cableadas para tener un sentido de creencia en algo que les apasiona.

Un ejemplo de la necesidad de creer es nuestra necesidad de encontrar un buen líder a seguir. Ciertos tipos de personalidades prefieren seguir a liderar. Si crea una imagen de líder ideal, podrá ganarse estos tipos de personalidad. Esta es la razón por la cual las grandes empresas a menudo cambian su CEO en un momento económico difícil. El nuevo liderazgo crea esperanza en los corazones de la fuerza laboral. La nueva esperanza es más probable que los motive a mantenerse motivados.

Su tiempo para tomar la posición de liderazgo es crucial si desea crear este tipo de efecto entre las personas que dirige. Steve Jobs, por ejemplo, volvió a Apple cuando la Mac luchaba contra otras marcas de PC. Su reingreso a la posición de liderazgo creó una esperanza entre los empleados de Apple a largo plazo. Este ambiente también les dio la posibilidad de contratar nuevos ingenieros para el desarrollo de productos.

Un buen momento para ingresar a una posición de liderazgo es cuando los seguidores existentes están descontentos con el liderazgo actual. Si ingresa a la compañía u organización en este momento, incluso los pequeños logros serán vistos por sus seguidores como grandes ganancias para el grupo. Esto los motivará aún más para hacerlo mejor.

Puede mantener la fe de sus seguidores en usted con ganancias oportunas para la organización. Después de ganar algunas batallas pequeñas con su grupo, tendrán la confianza suficiente para asumir desafíos más grandes.

Eliminar factores con efectos negativos a la motivación del grupo

Como líder, es su trabajo asegurarse de que el entorno laboral sea propicio para el trabajo. Sin embargo, de vez en cuando, encontrará factores que pueden afectar la motivación de sus seguidores de manera negativa. Es común, por ejemplo, que encuentres miembros del grupo que sean pensadores negativos. Cuando los pensadores negativos expresan sus pensamientos, generalmente afectan la motivación de las personas que los rodean. A veces, las personas que atraviesan una fase difícil en sus vidas también pueden crear un sentido de negatividad en el grupo.

Para evitar que estos miembros afecten la motivación del grupo de manera negativa, deshacerse de ellos es una buena opción. Si es posible, también podría despedir a personas que tienden a disminuir la motivación del grupo. Si esto no es posible, al menos, limite sus interacciones con los otros miembros del grupo que está liderando.

Capítulo 7 - Motivar a los seguidores para tareas a largo plazo

Mantener la motivación de los seguidores es uno de los mayores desafíos para los líderes. Los estudios muestran que los seres humanos suelen estar motivados por tres factores:
1. La necesidad de seguridad y supervivencia.
2. La necesidad de pertenecer a un grupo social.
3. La necesidad de alcanzar el máximo potencial.

En el lugar de trabajo, las personas están más comprometidas en sus tareas cuando están trabajando para lograr la tercera necesidad. La primera y segunda necesidad se logran fácilmente. Por lo general, dejamos de trabajar cuando se satisfacen estas necesidades.

La tercera necesidad, por otro lado, requiere un período más largo o compromiso. Cuando las personas trabajan para este nivel de desarrollo personal, buscan la autonomía y el dominio de su oficio. También quieren estar contribuyendo a algo significativo.

Si desea que sus seguidores estén motivados a largo plazo, debe asegurarse de que estén trabajando para este nivel de desarrollo. Si puede hacer esto con éxito, verá un mayor compromiso entre sus seguidores.

Aquí hay algunos consejos sobre cómo hacer que sus seguidores participen más en las tareas que desea que realicen:

Haz que sus seguidores piensen que son reconocidos

La gente se siente más emocionada de ser parte de una organización si el líder les hace sentir que son reconocidos. La forma más fácil de hacerlo es conocer a cada seguidor por su nombre. Si conoce el nombre de una persona, es más probable que se sienta respetado. Este simple truco hará que les gustes. Los hace sentir como una parte real de la organización.

Puedes hacer esto dando a cada uno de sus seguidores algunas tareas que se adapten a sus habilidades. Asegúrese de felicitarlos si hacen un buen trabajo.

Encuentre maneras de medir y reconocer el esfuerzo que ponen sus seguidores. Puede mostrar su aprecio por ellos agradeciéndoles personalmente por su participación en las actividades de la organización. También puede hacerles saber lo importante que es su trabajo para la organización.

Dele a sus seguidores una tarea que se ajuste a sus habilidades e intereses

Las personas se desconectan de sus trabajos cuando la tarea que se les asigna no coincide con sus intereses y su nivel de habilidad. Si le da a un talentoso una tarea que es demasiado fácil para él o ella, se aburrirá fácilmente. Simplemente harán la tarea rápida para terminar y comenzar a hacer las cosas que son más interesantes para ellos.

Desde la etapa de reclutamiento y contratación, asegúrese de que las personas que contrate tengan expectativas precisas acerca de las tareas para las que se les contratará. Es más probable que se comprometan si conocen la situación de la empresa y el paquete de compensación de la empresa desde el principio.

Si a los empleados se les paga menos de lo que esperan, se sentirán desconectados de los objetivos de la organización.

Proporcione retroalimentación constructiva, entrenamiento adecuado y oportunidades de desarrollo profesional.

Las personas a menudo se sienten excluidas de una organización cuando no ascienden a nuevos rangos. Sin embargo, no puede simplemente dar promociones todo el tiempo para aumentar la moral de sus seguidores. Entre la entrega de promociones, intente hacer que sus seguidores sientan que están creciendo dentro de la empresa. Puede hacerlo de tres maneras simples.

En primer lugar, puede tomarse el tiempo para hacer comentarios constructivos a sus seguidores. En lugar de criticar lo que hicieron mal, concéntrese en lo que deberían hacer la próxima vez para mejorar. Para que sus críticas sean constructivas, cree un sistema para medir el esfuerzo y los resultados de sus seguidores. Muéstrales sus números de desempeño personalmente y dales consejos sobre cómo mejorar.

Si es posible, también debe crear un sistema en el que los miembros más nuevos reciban entrenamiento de los miembros más veteranos. En algunas compañías, por ejemplo, a las personas nuevas en una posición se les da una o dos semanas, siguiendo a un empleado senior. Esto les permite aprender las prácticas de la organización por experiencia.

Los mejores líderes siempre se aseguran de que los entrenadores que asignen tengan también características de liderazgo. Al delegar el entrenamiento de nuevos miembros de la organización, también está capacitando a los entrenadores para que se conviertan en futuros líderes.

Por último, encuentra oportunidades de desarrollo profesional para sus seguidores. La mayoría de las empresas realizan capacitaciones para la certificación de sus empleados. No debe parar ahí. También puede incluir beneficios de educación continua especial para miembros calificados de la organización.

Muestre a sus seguidores cómo pueden crecer dentro de la organización

Los miembros talentosos de su organización siempre tienen la opción de dejar la empresa por pastos más verdes. La desconexión es uno de los primeros signos de que una persona está considerando abandonar una empresa.

Para reducir las posibilidades de que esto suceda, asegúrese de mostrar a sus seguidores cómo pueden crecer dentro de la organización. Puede hacer esto mostrándoles las opciones de carrera dentro de la organización. Debes influenciarlos para que alcancen el lugar más alto antes de abandonar la organización.

Al influir en ellos para mejorar sus jerarquías, es más probable que se comprometan a permanecer en la organización.

Crear un entorno de trabajo que permita períodos de descanso regulares

Encuentre maneras de animar a sus seguidores a descansar bien durante sus descansos. La mayoría de las personas hoy en día, por ejemplo, pasan sus períodos de descanso utilizando las redes sociales. Este tipo de actividad sigue estimulando los sentidos. Esta es la razón por la cual la mayoría de los empleados todavía se sienten cansados después de 20-30 minutos de descanso.

Como líder, debe asegurarse de que sus miembros no se sientan sobrecargados de trabajo. Puede hacer esto asegurándose de que estén obteniendo la cantidad correcta de descanso todos los días. Si es posible, la empresa también debe limitar los alimentos disponibles en la organización a opciones saludables. Las opciones de alimentos más saludables aumentan los niveles de energía de sus seguidores, mejorando su rendimiento en el trabajo.

Mantener la confianza de los seguidores hacia los líderes de la organización

Las personas comienzan a sentirse desconectadas cuando no confían en sus líderes. Aparte de mantener su propia imagen de integridad, desarrolle la reputación de los líderes principales de su organización. Al hacerlo, le da a sus seguidores alguien a quien admirar. Podría comenzar presentándolos a su CEO. Si el CEO de su organización tiene una buena reputación, será más fácil que sus seguidores sigan a esa persona. Por otro lado, si la organización tiene líderes con poca integridad, los seguidores no tomarán en serio sus palabras. Noticias y anuncios de estos líderes serán recibidos con cinismo.

Si bien no puede controlar la reputación de otros líderes, puede controlar el enfoque de sus propios seguidores. En lugar de hacer que se enfoquen en los líderes malos de su organización, cambie su atención a aquellos que sí tienen integridad. Debe hacer que los líderes con buena reputación sean los representantes de su organización. Esto aumentará la moral de los seguidores porque piensan que sus voces se escuchan en el nivel superior.

Conclusión

¡Gracias de nuevo por descargar este libro! Espero que este libro haya podido ayudarlo a convertirse en un líder más eficaz.

El siguiente paso es comenzar a desarrollar sus habilidades de liderazgo. La única forma de aprender los consejos y trucos de este libro es usarlos diariamente. Puede usar este libro como guía cuando desarrolle su influencia y sus habilidades de liderazgo. Regrese a él regularmente para que recuerde cada lección contenida en él.

Con el tiempo, podrá integrar todas estas lecciones en sus prácticas de liderazgo. Estas habilidades le ayudarán a alcanzar los niveles más altos de su organización.

¡Gracias y buena suerte!

Parte 2

INTRODUCCIÓN

"Si tus acciones inspiran a otros a soñar más, aprender más, hacer más o aspirar a ser más, eres un líder". Frecuentemente las personas suelen denominarse a sí mismas como líderes, basándose en diferentes razones u opiniones. Las personas se ven a sí mismas como líderes basándose en la posición que ocupan, mientras que otros se denominan a sí mismos de ésta manera por lo famosos o relevantes que son dentro de una sociedad, e inclusive en el hogar algunos automáticamente se autodenominan líderes basados en su género. Si consideramos la frase de John Quincy Adams puedo, en retrospectiva, decir que todos éstos criterios nombrados anteriormente son irrelevantes para conocer quién es un líder.

El liderazgo se trata de responsabilidad. El liderazgo también contiene una parte de carisma. El carisma puede ayudarte a convertirte en un mejor líder, pero no tenerlo no te convierte automáticamente en uno. Ser un líder significa ser tú mismo. Con el liderazgo viene el éxito, ambos van de la mano. El liderazgo es la habilidad de dirigir a las personas y que éstas mantengan la voluntad de ser guiados y de darlo todo sin contenerse. Muchas personas durante su crecimiento aspiran a ser líderes, pero sólo unas pocas logran conseguirlo. Tener éxito como líder significa haberse esforzado para ser apto, para que así los demás te sigan cuando lideres. Un líder tiene que ser más que sólo bueno, hace falta ser grande para ser un líder.

Ser un líder no se basa en un factor genético que puede ser heredado, así que nadie nace para ser un líder... A menos que se nazca como heredero al trono. Incluso aquellos que nacen como herederos al trono aun necesitan adquirir habilidades de liderazgo, para ser capaces de gestionar el reino. Sin habilidades, incluso un heredero al trono puede no ser apto para ostentarlo, si no se tiene la preparación. Como herederos, tienen la misión y la visión de convertirse en líderes, es por eso que comienzan su preparación inmediatamente después de nacer. El liderazgo carismático tampoco es innato, no importa si eres un heredero al trono o un pobre... Tiene que ser adquirido. Aunque hay muchas personas que parecen tener parecen estar naturalmente dotados de magistrales habilidades de liderazgo y de comunicación fluida, requiere de mucha preparación y experiencia el adquirir habilidades de liderazgo realmente efectivas. Todo el mundo puede aprender cómo convertirse en líder y cómo cultivar habilidades de liderazgo si se les brinda la orientación adecuada. De hecho, una pieza clave para el éxito como líder consiste en enfocarse en la mejora de habilidades de liderazgo específicas que convergen para formar cualidades de liderazgo vitales cuando se perfeccionan.

El liderazgo significa proveer el mejor resultado posible, lo cual es mucho más que "sólo" desempeñarse bien. Para lograr el mejor resultado posible un líder necesita estar más enfocado en los demás que en sí mismo/a. Ésta es la razón principal por la cual un líder es capaz de lograr que muchos hagan lo que de otra manera no serían capaces de hacer, y que lo hagan a gusto. Después de todo, en un mundo donde los mejores trabajadores son voluntarios... ¿Por qué deberían entregar sus energías creativas para ayudar al acelerar el avance a la gloria de un líder egocéntrico?

El liderazgo no se trata de lo que haces, sino de quién eres. Si tu punto de vista sobre el liderazgo es que sirve como una fuente de recursos y triquiñuelas manipulativas, o de un comportamiento carismático para alcanzar tus intereses propios, entonces la gente tiene todo el derecho a mantenerse cínica. Pero si tu visión del liderazgo fluye en principio desde tu propia personalidad y una ambición que mantiene la integridad, puedes entonces pedirle de manera justa que se queden en tus manos y te sigan sin problemas.

El liderazgo es la acción de liderar, inspirando, estimulando y motivando aun grupo de personas para alcanzar una meta u objetivo común. También es el proceso de influencia social, por medio del cual se inspirará y orientará a los seguidores de un líder a desempeñar tareas específicas. Para ser un líder exitoso, se necesita tener características de uno, tales como una supervisión excelente, fluidez en la comunicación y capacidad de escuchar a otros.

Eleanor Roosevelt dijo una vez que "Un buen líder inspira a las personas a tener la confianza en el líder, un gran líder inspira a las personas a confiar en sí mismas". Pero, convertirse en un gran líder no puede compararse con caminar en el parque. Gestionar de manera exitosa un equipo o grupo de personas a través de los altibajos de un reto, independientemente de la magnitud del mismo, es a lo que un gran líder debe aspirar.

DE QUÉ SE TRATA EL LIDERAZGO EXITOSO

El liderazgo exitoso es una plataforma que antepone las necesidades de otros a las propias. Cuando se habla de liderazgo, no existe tal cosa como un líder justo, necesitas ser un líder exitoso. Incluso más que querer conocer qué es lo que necesita un líder para ser exitoso, se necesita descubrir primero qué es lo que acarrea el serlo. El liderazgo exitoso se trata no sólo de presentarse, sino de hacerle frente a cualquier tarea que se tenga a mano. El liderazgo exitoso se trata de enfocarse en cómo nuestras elecciones, y todas nuestras decisiones influencian y tienen impacto sobre los demás, restando importancia en el resultado que tengan en nosotros mismos. Necesitamos esforzarnos en todos los aspectos, no sólo físicamente sino también emocional y socialmente. En esto yace el secreto por medio del cual los líderes exitosos son capaces de estimular, motivar e inspirar a otros a seguirles por su perspicacia, experiencia y creatividad. El liderazgo exitoso requiere que se esté intencionalmente consciente de cómo los demás responden ante cada uno de sus movimientos, pero al mismo tiempo siendo abierto para entender como los demás los perciben y saber discernir lo que es real de aquello que no lo es. Ahora, esto es un talento que muy pocas personas por pura suerte logran tener. Sin embargo, todo el mundo tiene la posibilidad de ser más atento a cómo nos comunicamos con quienes nos rodean.

Ser exitoso significa que debes ser un buen líder más que un buen gerente o un buen jefe. Un buen líder es un buen jefe o gerente, pero un buen gerente o jefe sin las habilidades de liderazgo adecuadas va a ser exitoso en encargar. Los líderes utilizan la motivación como su herramienta para hacer que otros hagan lo que necesita que sea hecho, pero los jefes o gerentes utilizan el miedo para hacer que la gente siga sus instrucciones.

El liderazgo exitoso se trata de inspirar al equipo a crecer, madurar, aprender y tener éxito, a diferencia de la gestión que se trata de controlar y ordenar a otros, así resulte o no conveniente.

El liderazgo exitoso se trata de reconocer

las fortalezas de cada uno de los miembros del equipo y las utilizará, al mismo tiempo que trabajará sobre ellas para mejorarlas. Se trata no sólo de estar a la defensiva y de tomar responsabilidades sino de ayudar a su equipo a ser más creativo y generar circunstancias más favorables en lugar de culpar a otros cuando las cosas no salen como deberían.

El liderazgo exitoso se trata de evitar los comportamientos nocivos. Los líderes que muestran este tipo de comportamientos suelen tener posibilidades significativamente más bajas de ser exitosos. Los comportamientos nocivos tienden a generar colapsos en la comunicación, la fe, la filosofía, las relaciones, el avance y la resolución de conflictos. Tales comportamientos causan que la gente se vuelva superficial, egoísta, egocéntrica, ciega ante la realidad, e incluso iracunda. Algunos ejemplos de este tipo de comportamientos incluyen:

Tomarse todo de manera personal.

Victimizarse.

Ausencia de empatía.

Ser reaccionario o mantener reactividad excesiva.

Los líderes que tienen éxito en la vida son aquellos a quienes nos damos cuenta, tratamos de emular. Tratando de hacer exactamente lo que han hecho, ir a donde han ido, vestirnos como ellos, adoptar comportamientos parecidos, incluso reaccionar o responder como ellos. Pero esto son prioridades fuera de lugar en lo que se refiere a convertirse en un líder. Si convertirse en un líder sólo se tratase de emular a un líder, supongo que todo lo que necesitaríamos sería clases de actuación para convertirnos en uno. La imitación no es una herramienta de liderazgo porque una sola manera de actuar o hacer las cosas no funciona en todos los escenarios. Cómo dirían algunas personas, "lo que funciona bien en el caso A, probablemente no sea tan efectivo en un caso B".

Estoy convencida de que probablemente se te ha cruzado por la mente una o dos veces por qué existen tantos libros sobre liderazgo, y de alguna manera u otra, la gente da testimonio de que han sido útiles para ellos. Esto es porque el enfoque que se le da al liderazgo exitoso varía de una persona a otra. Lo que funciona para el Sr. A, probablemente no funciones para el Sr. B.

Una de las características que noto que tienen en común los líderes exitosos es la manera de pensar. A diferencia de la persona promedio o normal que piensa sólo en escenarios de elección de "esto o aquello", escogiendo alguna de las dos; un líder exitoso puede gestionar la unión de dos ideas, uniéndolas en una o creando una mejor idea, ahí es donde se encuentra la diferencia y donde yace la grandeza. Este método de contemplación y amalgamado de ideas es lo que a mí me gusta denominar pensamiento incorporativo. Es esta mentalidad y no una teoría sobre decisiones la principal característica de un líder exitoso. Esta característica puede ser la más importante, pero por sí sola no hace a un líder exitoso, simplemente incrementa las probabilidades de serlo. La belleza de ésta característica es que se trata de una habilidad que puedes perfeccionar, puede ser desarrollarse e incorporarse a cualquiera. Ser un líder exitoso requiere que hagas lo necesario para alcanzar el éxito, tomar las riendas de las situaciones y tomar la decisión o las decisiones correctas.

El liderazgo exitoso se trata de tomar decisiones y sobretodo de tomar las correctas. No hay lugar para repeticiones. No puedes cometer errores cuando tomes una decisión. Siempre debe ser la decisión correcta. Más de aquellas cosas que es necesario hacer durante la toma de decisiones serán discutidas en otro capítulo.

PREPARACIÓN PERSONAL PARA EL LIDERAZGO

El liderazgo como cualidad necesita ser podado, cepillado, recortado y nutrido como una planta que florece y que más adelante dará fruto. El fruto que entrega la preparación como líder es el éxito. Lo que necesita hacerse para ser un gran líder está sujeto a cambios y por ésta razón puede no ser discutido en toda su extensión. Toma este ejemplo, de un libro sobre liderazgo se espera que trate incluso sobre minúsculos detalles básicos sobre etiqueta. Esto significa que de un líder se espera que tenga cultura en términos de etiqueta para que tenga un aura de seguridad en sí mismo, capacidad de mando y que sea respetable. Recuero que mientras estaba creciendo, un amigo mío llegó a mi casa llorando profusamente después de una entrevista, sólo para enterarme de que la razón por la cual lloraba fue porque no alcanzó a decir "GRACIAS" después de la entrevista. Iniciar una entrevista con un apretón de manos genera buena impresión, como lo hace también el finalizarla con uno.

Es evidente que no importa dónde se encuentre, un líder sobresale, la gente siempre espera ansiosa a oírles, hablarles y escuchar qué tienen que decir. Una cosa que he aprendido, como líder, es que de ti siempre se espera que digas algo, en todo momento y en todo lugar. Para que un líder se comunique de manera efectiva, captando audiencias formadas por personas jóvenes o por personas mayores con su discurso; debe aprender a saber escuchar de manera efectiva. Para hacerlo, debe tener la humildad para ver a otros como entidades racionales y tener claro que no puede tener siempre las respuestas para todo, además de no ver un fracaso como un mal comportamiento, sino verlo como la representación del cómo no hacer las cosas en una futura ocasión. De ésta manera el fracaso expone el dónde no debemos enfocarnos, y a donde debemos dirigir nuestra energía para lograr un resultado exitoso.

Un líder con humildad es un líder efectivo, lo que lo diferencia de un jefe. Esto hace que el líder tenga un buen vínculo con aquellos que le siguen y con ello gana su confianza, generando una relación fluida. Esto hace que ellos hagan su mejor esfuerzo y utilicen toda su creatividad para completar exitosamente el proyecto que se tenga a la mano. Todo esto converge para formar un líder exitoso. En algunas ocasiones uno puede preguntarse cómo se supone que esto ayude al progreso del equipo cuando el líder tiene poco tiempo en sus manos. Pero construir relaciones hace que ganes la confianza de los demás y reduce tu propia carga de trabajo. Esto es algo que diferencia a un líder de un jefe. Grandes líderes como la Madre Teresa, Martin Luther King, Nelson Mandela, Pierre Elliot, Trudeau y Winston Churchill han demostrado este mismo abordaje de crear relaciones como método para involucrar a aquellos bajo su cuidado, a pesar de los desencuentros, dificultades o apuros que pudieron haber enfrentado para traer al mundo su visión de vida.

De un líder se espera que conozca la importancia de un vínculo, lo que determinará el resultado final de su liderazgo. El quién es un líder sólo puede medirse basado en el vínculo que tiene con sus seguidores. Un líder no es nunca un líder sin sus seguidores. Esto muestra lo importante que son los seguidores para el mismísimo liderazgo. Un líder debe incluir a sus seguidores, no importa lo que esté ocurriendo, de ésta manera evita que se le rebelen.

Un líder debe ser capaz de mantener el vínculo que ha creado y entender además el significado de la compasión, poniéndose siempre en los zapatos de sus seguidores, entendiendo que ellos también tienen sueños y esperanzas. Un líder debe ser capaz de ejemplificar lo que espera de sus seguidores, como lo exhiben nuestros líderes actuales. Cuando un líder demuestra su comportamiento, muestra la clase de apoyo, estímulo y orientación que demostraría a aquellos que le siguen y qué tanto pueden llegar a lograr.

Para que un líder sea exitoso, algunas cosas que se esperan de su parte son las siguientes:

Se espera que base su valentía en su confianza en sí mismo. La valentía es necesaria para que otros te sigan con plena confianza. Cuando eres un líder valiente, esa valentía se contagiará a aquellos destinados a seguirte.

Se espera de un líder que sea capaz de desarrollar autocontrol. Los líderes exitosos necesitan ser capaces de controlarse para poder mantener el control sobre otros. En pocas palabras significa que antes de ser escuchado un líder debe haber sido visto, es decir, deben ejercer el control y mantener la calma en todo momento. Deben esforzarse siempre para dejar una buena imagen de sí mismos en todo momento. Nunca reaccionar de manera exagerada.

No se espera que un líder le tema a la crítica. Se enfrentan a situaciones y responden con la mejor decisión para resolverlas. Un líder no debe conformarse con ceder a tomar una decisión hasta que no hallen la respuesta "más pura" o la que genere consenso. Deben ver el miedo al peligro o la retroalimentación como entusiasmo para mantenerse fuertes.

Se espera que un líder trabaje de acuerdo a un plan o un acuerdo, Un líder que quiera tener éxito nunca trabaja desde el misterio, y un líder exitoso puede prevalecer incluso por encima de alguien que normalmente es más capaz. Se espera que un líder que trabaja de acuerdo a un plan sea más exitoso que un líder no lo hace.

De un líder se espera que su desempeño esté por encima de las expectativas. Qué hagan más de lo que se espera de ellos, como también que esperen mejores resultados para derrotar cualquier forma de oposición que se les presente. Alcanzar la cima es sencillo, pero para permanecer en ella se espera de él/ella un desempeño extraordinario que debe mantenerse a toda costa.

Se espera de un líder que sea excepcionalmente agradable y amigable. Recuerdo que hace mucho tiempo una persona me dio dinero, cuando pregunté el porqué, me dijo que tenía una agradable personalidad y ella nunca me había visto triste antes; que estaba siempre sonriendo. Una personalidad pacífica y agradable siempre lleva a la gente a seguirte y hacer tu voluntad.

Se espera que un líder sea empático y considerado con los demás. Los líderes exitosos comprenden las identidades y problemas de todos sus colegas y compañeros de equipo. La simpatía es posible en donde existe un ambiente con buena relación entre los líderes y sus compañeros de equipo.

Se espera que un líder asuma la total responsabilidad por su equipo. Debe estar siempre preparado para asumir la culpa por alguna deficiencia de parte de su equipo. Cuando las situaciones dan un giro inesperado en la dirección incorrecta, el líder siempre debe mantener su posición.

Se espera que un líder mantenga el espíritu cooperativo con cualquier decisión sobre la cual el grupo haya estado de acuerdo. Para liderar haciendo un llamado a otro a tener la iniciativa, así como también llamando a iniciativas grupales que fomenten la cooperación. Los líderes entienden el hecho de que no pueden lidiar independientemente con todo lo que se cruza en su camino.

Finalmente, lo que esto revela es que el secreto para el liderazgo exitoso es diverso. Es una red intrincada e infinita de comportamientos interconectados, de capacidades y acciones que necesitan emplear de manera consistente durante el transcurso de su liderazgo. Estos elementos no sólo le servirán para definir su liderazgo, sino que también ilustrarán la razón de ser del porqué hacemos lo que hacemos.

CÓMO TOMAR DECISIONES

De acuerdo a James Stoner, "la toma de decisiones es el proceso de identificación y selección de un curso de acción para poder resolver un problema específico". Y de acuerdo a Trewartha y Newport, "la toma de decisiones implica la selección de un curso de acción de entre dos o más posibles alternativas para poder llegar a una solución a un problema específico". Estas dos definiciones son correctas en un contexto general, pero en relación al liderazgo me gustaría fijar mi mente en la definición dada por James Stoner, porque el proceso de toma de decisiones por un líder exitoso no es una solución de "esto o lo otro", sino una decisión que lo cubre todo. El punto de la toma de decisiones por los líderes exitosos es tomar una decisión que produzca una solución exitosa.

Tomar decisiones es la base principal de lo que necesita hacerse en el liderazgo. La existencia del líder se centra en su habilidad de tomar decisiones porque es la pieza central de lo que un líder debe hacer toda su vida. La toma de decisiones, a diferencia de otras cosas que un líder debe hacer, es un proceso cognitivo que requiere una decisión final que todos los compañeros de equipo deben llevar a cabo. Un científico puede darte una justificación sobre por qué cada decisión que tomas debe ser lógica pero entonces dónde quedaría ese valor añadido que se espera que tenga el líder. Tú, a diferencia del resto, necesitas pensar fuera de la caja, más allá de lo ordinario, para poder tomar una decisión sin importar lo pequeña que sea. Del líder se espera que prevea los resultados que puede tener su decisión en el largo plazo y considerarlos apropiadamente sin lugar para errores.

Componentes de la toma de decisiones

La toma de decisiones en el liderazgo tiene tres componentes. Estos elementos son el factor determinante en cualquier decisión que tome el líder. Bien sea que tengan un resultado exitoso o que no sea así.

Sustitutos: Hay dos o más sustitutos en cada idea sobre la cual se esté decidiendo. La toma de decisiones para un líder significa que tiene opciones entre las cuales escoger.

Decisión: La toma de decisiones implica una decisión. Significa elegir la mejor solución posible para resolver un problema. Esto podría también implicar la combinación de dos o más ideas en una sola.

Objetivos o problema: Para conseguir un

liderazgo efectivo el liderazgo debe tener una orientación imparcial, con la finalidad de conseguir un objetivo o resolver un problema.

Pasos de la toma de decisiones para un liderazgo exitoso

1. Identificar el problem: Para que un líder pueda siquiera intentar tomar una decisión, debe reconocer el hecho de que el problema está presente y requiere atención.

2. Analizar el problema: Después del paso anterior el problema necesita ser analizado para conocer su causa y el efecto que tendrá en el resto del equipo.

3. Desarrollando soluciones alternativas: Luego de identificar y analizar el problema real, se espera que el líder piense más allá del espectro de soluciones obvias que puedan presentarse en el momento.

También se espera que en momentos en donde se debe elegir una alternativa, el líder mencione diferentes opciones entre las cuales escoger. El líder no puede hacer esto solo de manera efectiva; aquí es donde las ideas de los miembros del equipo se unen y por qué tener una buena relación desde el inicio es bastante útil. Los miembros del equipo se sienten cómodos mencionando ideas útiles por la confianza que tienen en ti para idear una solución a partir de ellas.

4. Evaluar las opciones disponibles: Como líder, debes reunir todas las soluciones estratégicas posibles, valorando las ventajas que ofrezcan por encima de las desventajas. Considera el efecto tanto en el corto como en el largo plazo de ser implementadas. Además de evaluar las ventajas sobre las desventadas, también se

espera que tengan midan la posibilidad de que la solución tenga un efecto para abordar el problema. Y para observar además si las opciones son aceptables para el resto del equipo.

5. Escoger la mejor opción: Cuando es momento de tomar la decisión sobre cualquier materia, es un hecho indisputable que todo el mundo tiende a huir de la responsabilidad y mirar hacia el líder, que tendrá la última palabra, y lo hará en última instancia responsable por cualquier resultado que se termine experimentando. Después de evaluar las opciones disponibles, el líder es el responsable de elegir la idea que tenga menos desventajas y más ventajas, así como también de dar forma a una idea exitosa. La idea elegida por el líder es de lo que trata la toma de decisiones. Para elegir

la mejor opción el líder debe aceptar el pensamiento holístico más que el pensamiento segmentado para poder resolver de manera creativa cualquier posible tensión dentro de su equipo durante el proceso de toma de decisiones.

6. Poner la idea en práctica: Para un líder, el tomar la decisión final o elegir la solución a una situación no termina el proceso de toma de decisiones. En esta etapa, la utilidad del vínculo demuestra su importancia nuevamente. Después de tomar la decisión necesaria, la idea necesita ser puesta en práctica, lo que requiere que el líder no sólo provea los recursos necesarios sino además el apoyo necesario al equipo para poner la idea en práctica. La motivación impulsa a cualquier individuo, y no importa qué tan pequeña sea la idea a implementar, los miembros

del equipo necesitan ser alentados por el líder si se quiere lograr el objetivo.

7. Hacer seguimiento al desarrollo de la idea: Después de implementada la decisión, se espera del líder que mantenga el seguimiento continuo del progreso de la tarea incluso después de haberla delegado. Obtener la retroalimentación es una parte importante del proceso para poder mantener el proyecto, sea cual sea, a flote. Esto se hace con la finalidad de ver si existen diferencias entre la planificación de la idea y la implementación de la misma. Mantenerse a flote ayuda a mantener al día el progreso y contrastar el éxito que ha tenido su liderazgo. Muchos líderes piensan que ésta etapa es irrelevante y descartan este paso cuando se centran en la puesta en práctica de la idea y no se dan cuenta de la interesante

manera en la que un pequeño ajuste podría ser realizado para incrementar la productividad.

POR QUÉ LA TOMA DE DECISIONES ES IMPORTANTE PARA EL LIDERAZGO EXITOSO.

1. La toma de decisiones ayuda a reducir el despilfarro de recursos valiosos. En vez de intentar aplicar todas las ideas posibles hasta conseguir una que funcione, el líder tiene la última palabra sobre aquella en la que las opiniones del grupo hayan finalmente convergido.

2. El proceso de toma de decisiones prepara tanto al líder como a todo su equipo a estar mejor adaptado para enfrentar cualquier tipo de problema que pueda presentarse en el futuro cercano.

3. Un proceso de toma de decisiones

apresurado ayuda al liderazgo a ser más exitoso, y también las decisiones erradas por parte del líder resultarán en lo opuesto. Lo que no es una cualidad del buen liderazgo.

4. El objetivo de todo liderazgo es tener éxito y la toma de decisiones ayuda con esto. Esto es porque las decisiones racionales son tomadas después de analizar y evaluar todas las posibles alternativas.

5. Las decisiones racionales ayudan a aumentar la eficiencia. La eficiencia representa el resultado de la idea.

6. la toma de decisiones facilita la innovación. Ayuda a cultivar nuevas ideas que resultan en la innovación, otorgándole una ventaja competitiva al equipo.

7. La toma de decisiones por parte del líder muestra asertividad, que motivará al

equipo. Esto genera más confianza dentro del grupo en su líder para que siempre hagan lo que se espera de ellos.

CÓMO PENSAR DE MANERA POSITIVA

El pensamiento optimista es una característica que todo líder debería tener. Está en la naturaleza humana el pensar y esperar lo peor por momentos, pero para lograr ser el líder exitoso que se aspira a ser; entonces el pensamiento optimista no es algo que deba ser una elección, sino un tipo de mentalidad que debe ser adoptado en orden de conseguir el éxito. Esta mentalidad puede desarrollarse como cualquier otra habilidad adquirida. Puedes aprender cómo ser un pensador optimista indiferentemente de tu opinión actual respecto a ello. Cuando piensas de manera positiva, observas lo mejor de las cosas, y mantener tu mente en paz te da una mejor capacidad mental.

En la mayoría de los casos, la mejor manera de convertir al pensamiento positivo en parte de ti es intentar hacerlo de manera repetida. Repetir un proceso una y otra vez te lleva a dominarlo.

CÓMO TRANSFORMAR UNA MENTALIDAD NEGATIVA A UNA POSITIVA

Es un asunto de elección.

Necesitas primero creer en ti mismo

Después necesitas fijar metas claras y alcanzables.

Visualiza tu éxito en tu mente y deja que estimule tu mente interior.

Domina tu vida y sé responsable de tu equipo.

Date a ti mismo palabras tranquilizantes de aliento y alivio.

Usa palabras positivas para contrarrestar las negativas.

Relaciónate con personas que tengan una mentalidad positiva similar a la tuya y cerciórate de que tu equipo también tenga el mismo hábito. En última instancia, tienen un gran impacto sobre tu propia mentalidad.

Encuentra el lado positivo en cualquier situación. Ten presente que aquellos que tienen éxito en la vida son los mismos que utilizan sus fracasos como trampolines que les impulsan hacia nuevos éxitos.

La vida es corta, vívela como si cada día fuese el último. Disfruta cada momento de cada día, así entenderás que no hay momentos para perder en pensamientos negativos.

Simula que todo está bien cuando tu mente se encuentre luchando con pensamientos negativos. Eres el ejemplo a seguir de tu equipo.

La vida es muy corta, vive cada momento explotando al máximo tus habilidades.

Consejos para mantener una mentalidad positiva.

Demuestra una actitud más optimista y emocional hacia ti mismo y hacia tu equipo.

Permite siempre a tu mente la reflexión sobre los pensamientos positivos y no los negativos. Reflexionar sobre los pensamientos negativos es un malgasto de tiempo y energía.

Observa siempre el aspecto positivo de cada decepción, problema y obstáculo.

Cuando los pensamientos negativos se quieran apoderar de tu mente, dedícate a cualquier otra actividad que te ayude a desviar tu atención de ellos y de tu tren de pensamiento negativo. Para mí suelen ser los juegos, la música o la cocina.

Lo que escuchas más a menudo usualmente tiene un impacto sobre tu tren de pensamiento. Como un líder que tiene que escuchar, no dejes que las cosas te afecten, identifica los inconvenientes.

Un líder debe tener un mentor, amigo/a o esposo/a con quien contar, y que le entusiasme cuando sienta depresión por escuchar a su equipo, a quienes no puede evitar. Y cuando no estén disponibles, mantener las emociones desconectadas.

Di cosas positivas acera de ti mismo y acera de los demás, en general.

Los elogios levantan el espíritu de otros y crean pensamientos positivos. Asegúrate de siempre dar elogios no sólo a tu equipo sino a todo el mundo.

Cree en ti mismo y en tus habilidades para Lee acerca de otros líderes exitosos y cómo superaron el pensamiento negativo, esto te ayudará a saber cómo pensar de manera más positiva.

Mantente siempre ocupado.

Mantén un trofeo de todas aquellas metas que hayas logrado. Esto te ayudará a recordarte que tienes gente que te admira a ti y a tu éxito.

Al menos una vez al día, permite que tu tren de pensamiento observe lo mejor en cualquier situación.

Ten cuidado con la clase de imágenes mentales que permites en tu mente.

Analiza constantemente tu tren de pensamiento.

Todas éstas ideas te ayudarán a mantener un tren de pensamiento positivo. Recuerda que es más sencillo mantener una mentalidad positiva cuando las cosas van bien, pero es mucho más duro hacerlo en medio de problemas o dificultades. Durante estos duros momentos, como líder, deberías recordar que hay personas que siguen tu ejemplo y que también realizan un duro esfuerzo para pensar de manera positiva.

QUÉ HACER PARA EVITAR PENSAMIENTOS NEGATIVOS

1. Evitar sumirte en la negatividad. Ve siempre el lado positivo en cada situación. Como líder, incluso en el peor momento en la vida, tu equipo siempre te admirará porque eres la expresión de la esperanza. Si los pensamientos negativos invaden tu mente, todo lo que verán es la expresión de la derrota.

2. Una sonrisa es una excelente terapia para los pensamientos negativos. Sé optimista para poder expresar que tu

esfuerzo optimista siempre pone una sonrisa en tu rostro.

3. La práctica constante del pensamiento positivo siempre demuestra su valor una vez que enfrentamos situaciones adversas.

Los optimistas tienden a ver los eventos que se desarrollan más allá de ellos mismos como incidentes aislados que están fuera de su control, mientras los pesimistas ven las mismas cosas como cuestiones comunes y suelen además culparse a sí mismos. Tomarse un minuto para examinar el hecho y garantizar que te estás dando el crédito debido por las buenas cosas que has hechos, sin culparte por cosas más allá de tu control, puedes comenzar a canalizar tu manera de pensar hacia un pensamiento más optimista y alejarlo de la negatividad. Ten siempre en cuenta que necesitas incentivarte a pensar de manera positiva. Invertir energía en cosas que disfrutas y rodearte de gente optimista son dos maneras en las cuales puedes fomentar el pensamiento positivo en tu vida. Como todo en la vida, el pensamiento optimista requiere práctica, y la práctica hace al maestro.

CÓMO INFLUENCIAR A OTROS

El liderazgo y la influencia tienen una relación simbiótica, puesto que a pesar de que están unidos, son dos entidades separadas que necesitan la una de la otra para poder prosperar. Para influenciar a las personas como líder, necesitas tener un carácter persuasivo. Un factor esencial del liderazgo es la capacidad de influenciar. Ser un líder significa que tienes que tener habilidades para influenciar a otros. Una persona ha sido exitosamente influenciada cuando sus pensamientos, opiniones o comportamientos han sido afectados por alguien más. La influencia está presente en todos los ámbitos de la vida, pero es parte crucial del arsenal de habilidades que debe tener un líder para lograr el éxito. La habilidad de influenciar es transcendental para cualquier líder. Para que lo pueda lograr con éxito, un líder tiene que tener visión y convicción sobre sus metas antes de poder influenciar a otros a observarlas como él lo hace. Un líder influencia a los demás en la medida de lo vibrante que pueda llegar a ser acerca de su visión. Un líder debe ser muy persuasivo y tener suficiente confianza en sí mismo para poder influenciar a otros de manera efectiva.

La motivación determina el cómo se influirá en otros, si por recompensa o por deseo de evitar el castigo. Para que un líder determine el método más poderoso de influencia, debe entender primero a quienes quiere influenciar. Un factor clave para influenciar a la gente es la comunicación. Los líderes influencian a la gente brindándoles una visión convincente del futuro, así como también inspirándoles a seguir sus pasos.

La influencia guía a la gente en la dirección en la que se les enfoque para motivarles a volver realidad la visión del líder. Fortalecen y orientan a las personas de manera que cumplan sus visiones, tengan un sentido de propósito y les brinde un profundo sentido de realización cuando el trabajo está hecho. Los líderes dirigen modelando las maneras de pensar o actuar, alentando a otros a encontrar nuevos enfoques con los que abordar una situación, y haciéndolo brindan a otros las palabras y el aliento para que conviertan esos nuevos métodos en propios. Los líderes que tienen éxito hoy son maestros, mentores y modelos a seguir quienes logran la mayoría de su éxito influenciando a otros.

Para que un líder influencie a otros de manera exitosa, tiene que prestar minuciosa atención a los pequeños detalles involucrados en la influencia de los demás. Como por ejemplo son el mostrarles interés, recordar sus nombres sin importar lo irrelevante que ellos puedan considerar que sea este hecho, siempre escucharles, hacerles sentir importantes y queridos. Sonreírles en todo momento puede hacerlos sentir seguros de que les aprecia y les reconoce y, por tanto, influenciándoles a que reconozcan su visión. Esto me recuerda mi primer día en una asociación a la cual estaba adscrita cuando estaba en la escuela. El presidente personalmente me invitó a almorzar, lo cual era algo nuevo para mí. Esta actitud tan singular me emocionó tanto que nunca dejé la asociación, incluso cuando me mudé del sitio que tenían como sede.

Maneras efectivas en las que los líderes pueden influenciar a otros.

Lo primero es siendo visible para todos. Un líder tiene que ponerse al nivel de aquellos a quienes quiere influenciar y estar tan cerca de ellos como sea posible. Estando en la zona de confort que brinda la comodidad de un despacho y dando órdenes desde allí, no es como se logra demostrar visibilidad. El líder debería verles más como amistades que como seguidores. "Los líderes excepcionales son vistos, no son sólo escuchados".

Las conductas y la etiqueta de un líder dicen mucho de ellos. Esto es una manera efectiva y sencilla de influenciar a la gente. El buen comportamiento de un líder dice absolutamente más que mil palabras. Las personas son más influenciadas de este modo puesto que es imposible fingirlo, el líder siempre demuestra su verdadero comportamiento de manera inconsciente.

Un líder puede influenciar a otros teniendo un buen contacto visual con los demás. Esto siempre demuestra su nivel de seguridad, de interés y la importancia que toman a la palabra de otros y lo que le dicen.

Un líder puede ganarse a los demás tomando el control del espacio que les rodea cuando se dirigen a la gente. Esto hace que sea lo que sea que el líder esté diciendo suene más interactivo que autoritario.

Ser un líder expresivo ayuda a influenciar a las personas. Un líder a quién le sea difícil incluso escucharse a sí mismo, encontrará aún más difícil influenciar a los demás. Su voz debe ser placentera para los oídos de aquellos a quienes deseas influenciar para que comulguen con tu visión. Comunicarse apropiadamente en un buen tono te ayudará a conectar con la gente para que entiendan tu visión.

El contacto a un nivel apropiado como el de un apretón de manos, o gestos simples como el saludar con nuestras manos comunica a los demás que nos son importantes, y del mismo modo influencian su opinión de nosotros y nuestra visión.

Un líder nunca debe dudar acerca de sonreír, porque a nadie le gusta un líder que se ve amargado. La risa desarma a la gente. Reír es un requisito básico para influenciar a las personas. UN líder debe siempre actuar y establecer comunicación lo más rápido posible para influenciar a otros. Aquellos que se tardan para tomar acción, quienes son lentos, quienes toman su tiempo para tomar decisiones duras o quienes procrastinan dan una idea negativa a los demás, lo cual evita que los puedan influenciar.

Por sobre todas las cosas un líder debe ser capaz de comunicarse de manera tanto verbal como no verbal para influenciar a los demás.

El uso efectivo de la comunicación como herramienta para lograr la persuasión y de ese modo influenciar a las personas a que vean por qué deberían seguirte y a tu visión. Un líder que utiliza todas éstas herramientas de manera efectiva tiene más oportunidades de tener éxito como líder. Influenciar a otros es la manera más económica que tiene un líder para ganarse a las personas; con un poco de esfuerzo de parte del líder para hacer lo necesario, que es persuadir. El liderazgo no puede existir sin la influencia, ésta es sinónimo de liderazgo, mientras que comunicación y persuasión, me gustaría decir que son sinónimo de la sangre que le mueve y venas por donde dicha sangre corre. No en vano el Dr. John C. Maxwell dijo; y cito: "El liderazgo es influencia". No hay mejor manera de decirlo.

CÓMO APORTAR VALOR A LA VIDA DE OTROS

Aportar valor a los demás es una de las maneras de conseguir el éxito, no sólo para el líder, sino para todo el mundo. Aportar valor a los demás es también otra de las cosas que todos los líderes exitosos tienen en común. El proceso de aportación de valor a la vida de los demás, también te hace más valioso para ellos. Agregar valor a la vida de los demás es una manera de hacer que crean en ti. La gente respeta a aquellos a que les aportan valor. Este mismo libro, en sí mismo es una manera de aportar valor a la vida de otros. Muchos lo leerán y estarán mejor preparados para el liderazgo, aportando significado a sus vidas. Para mí, por otra parte, quizás obtenga una respuesta que me inspire a escribir más libros que beneficiarán a otros. Para que un líder aporte valor a otros, primero debe tener él o ella misma, un valor añadido. Puede ser a través de la lectura de cómo convertirse en un mejor líder o desarrollando un atributo en particular del liderazgo. Como líder, se debe ser capaz de conectar, mejorar y enriquecer las vidas de otros para tener éxito. Los líderes que aportan valor a otros, construyen mejores relaciones con quienes les rodean aprendiendo qué es lo que otros valoran para poder dirigirles exitosamente.

El valor es todo aquello que te brinde una oportunidad de hacer las cosas de una mejor manera o de alcanzar lo que te propongas. El trabajo de hoy es meramente para crear valor y brindárselo a otros. Los líderes que aportan valor tienen que entregar primero la confianza a su gente para que ellos le respondan de manera recíproca. Tienen que servir en vez de esperar que les sirvan. Aportamos valor a otros cuando nos volvemos más valiosos para los demás. Apoyar a otros les añade valor. Trata de sacar los mejor de la gente alentándolos a ser su mejor versión posible. Esto les inspirará a tomar sus propios riesgos y aportarellos mismos su propio valor al mundo. Desarrollar tus propios valores es fundamental para lograr cualquier otra cosa. Para que un líder le aporte valor a los demás su prioridad debe ser atender lo que los demás necesitan, no lo que quieren.

La necesidad de sentirse importante y ayudar a otras personas a cumplir con esas necesidades. El primer paso para ser exitoso o para agregar valor a la vida de otros de manera exitosa comienza con que preguntarse qué sería de mayor valor para otros. Para saber realmente si estás aportando valor a los demás, debes saber primero que sea lo que sea que estés haciendo sea un aporte de valor a los demás, que estás haciendo lo mejor posible para ayudar a otro en una situación determinada y siempre con un sentido de amor. Aportar valor puede hacerse en forma de una conexión emocional. Enamorarse de alguien es una manera de aportarle valor a la vida de otra persona. Ellos conocerán lo que se siente amar y ser amado.

Este proceso cambia completamente la perspectiva individual de una persona. El bienestar del otro comienza a importarte y no sólo contribuye a tu éxito sino al de los demás, lo que le da a tu existencia un significado más profundo. Aportar valor a la vida de otra persona comienza con un individuo y no con multitudes. Comienza aportando a aquél que se sienta a tu lado, sea un amigo, un conocido, tu esposa, tus hermanos, etc. Como dice el dicho: De pequeñas gotas se compone el poderoso océano. Si todo el mundo aporta valor a aquellos a que le rodean, entonces quedará poco trabajo para que hagan los líderes. De igual modo, dejar que quienes nos rodean nos aporten valor no sólo les es útil, sino que también nos ayuda a nosotros. También vale la pena destacar que el aportar a los demás no debe ser visto como un trueque, sino como una manera significativa de ayudar al mundo y no a uno mismo. Nunca sabes cómo o cuando obtendrás beneficio de ello, pero ciertamente lo conseguirás. No importa como aportemos, lo que importa es que debe ser de una manera genuina, útil y positiva.

MANERAS DE APORTAR VALOR A LOS DEMÁS

Las maneras de aportar valor a los demás comienzan contigo.

Conoce primero tus habilidades, conoce de qué eres capaz. Son éstas habilidades las que te permitirán aportarle valor a otras personas.

Comienza haciendo lo que amas y disfrutas hacer. Hacer las cosas que amas no sólo te hace hacerlas mejor, sino que también las convierte en herramientas para aportar valor de una manera más natural.

Tu trabajo debe ser un medio de aportar valor a otros. Debe ser un foco y un camino para aportar valor a la vida de los demás.

El sólo hecho de estar allí para alguien más

en un momento de necesidad es una manera de aportar valor a su vida. Les hace sentir amados y el sentirse amado es valioso de por sí.

Haz algo que sea útil para otros en vez de hacerlo por ti.

En momentos de necesidad, podrías aportar valor a alguien más simplemente inspirándolos a tomar las acciones necesarias.

Sé de ayuda para otros en la manera que puedas, no importa lo minúsculo que sea. Puede ser tan simple como ayudar a alguien con sus bolsas desde el mercado hasta su casa. Ayudar es ayudar.

Puedes aportarle a los demás mostrándoles cómo es que algo se hace o incluso una manera mejor o más rápida de hacerlo. Esto puede ser tan simple como colocarle un tutorial en YouTube a otra persona, algo tan simple como esto puede incluso aportar valor.

Puedes aportarlo también al brindarle a alguien una nueva perspectiva, o dándoles una idea de cómo convertirse en mejores personas.

Un líder que haga lo que debe hacerse en la manera que debe ser hecho es una excelente manera de aportar valor para quienes le rodean. Su vida misma se convierte en un medio mediante el cual aporta valor.

Si tienes una decisión de dos o más caminos, siempre elige aquél que te permita aportar la mayor cantidad de valor. Esto te permitirá estar alineado con tu verdadero propósito de vida y en última instancia te brindará más felicidad y satisfacción. El fracaso debería ser un incentivo para seguir adelante, fracasar sólo te hará ser una mejor persona. El liderazgo se trata de qué tanto valor hemos sido capaces de aportar a los demás y el efecto que ha tenido sobre ellos.

Aportar valor a la vida de otros los hace pensar de una manera diferente. Una vez que puedas influenciar a alguien de manera exitosa para que tenga una mejor opinión acerca de algo, haz aportado valor a su vida. Una persona que influencia a otra siempre aportará valor a la vida de los demás. Ayudar a la gente a conseguir sus metas es una de las más grandiosas maneras de aportar valor a la vida de alguien.

RESULTADOS DE APORTAR VALOR A LOS DEMÁS

Aportar valor trae alegría.

Aportar valor nos devuelve nuestra humanidad.

Aportar valor añade color a la vida.

Aportar valor te prepara mejor para ser un líder.

Aportar valor le da significado a tu vida.

Aportar valor te hace influenciar a los demás de una mejor manera.

Aportar valor te convierte en exitoso.

Aportar valor atrae a la gente que quiere seguirte.

Aportar valor a otros también le da propósito a nuestra vida. Saber las maneras de hacerlo, sobre todo por quienes amas y están más cerca de ti, le aportará más valor a tu vida. Lo que necesita hacerse para optimizar la aportación de valor a la vida de otros es continuamente hacer que cada día cuente, aportando lo más que podamos a los demás. Albert Einstein una vez dijo, *'Una vida vivida para otros es una vida que vale la pena vivir'*. Vivir para otros es una manera de aportar valor a los demás, hacerlo te hace una mejor persona y cualquier forma de hacerlo cuenta. La recompensa por aportar a los demás es mucho más grande que el esfuerzo necesario para hacerlo. Esto hace que aportar a los demás sea un escenario ganar-ganar, puesto que lo que haces por alguien más termina también beneficiándote. La vida a su modo, es extraña. Me gustaría finalizar con una cita de BrendonBurchard, él dijo que *'parte de aportar valor es ayudar a los demás a reconectarse emocionalmente con su vida. En cualquier situación, traer a colación la humanidad, la emoción, el color, la luz, la alegría, la vitalidad, los matices más reales de la emoción humana, y eso te llevará a alcanzar un aporte de tal magnitud que muchos otros no podrán jamás replicar".*

LIDERAZGO Y GESTIÓN DEL TIEMPO

Para liderar se deben desarrollar excelentes habilidades de manejo del tiempo que a fin de cuentas son las que traen más beneficios al líder. La frase que dice que 'el tiempo no espera por nadie' es un hecho constante de la vida, el tiempo no respeta a las personas. Indiferentemente de quién seas, dónde hayas estado o en qué te hayas convertido, no espera. El tiempo perdido es vida perdida y una vez que pierdes el tiempo no lo recuperas. No importa lo que te haya pasado o qué te importante podría ser un tiempo adicional, no se detiene. La gestión del tiempo es un elemento sólo visible para un líder con perspectiva. Sin ella no existe una causa justa para gestionarlo de manera efectiva. Para que pueda conseguir esto último, un líder debe abordar primero las concepciones antes que las pequeñas ideas. Los líderes usualmente creen que nunca tienen suficiente tiempo en sus manos, lo cual es completamente errado en todos los niveles. El uso de la tecnología ha hecho que el uso del tiempo sea una herramienta más poderosa de lo que imaginamos. Nadie nace con habilidades para gestionar el tiempo de manera efectiva, es algo que aprendemos a lo largo de nuestra vida. Es por esto también que nadie puede lograrlo completamente. La mejor manera de ser más productivo es darse cuenta de cómo utilizamos nuestro tiempo, del mismo modo se puede hacer resolviendo nuestros problemas de gestión efectiva del tiempo y dedicando más del mismo a la consecución de nuestras metas.

Cuando aprendes a utilizar el tiempo de una manera más efectiva, tu vida comienza a funcionar con menos inconvenientes y sin errores. Es errado pensar que podemos ahorrarnos tiempo cuando éste no puede ser creado, corre a un mismo ritmo todos los días. Nadie puede verdaderamente manejar el tiempo, lo que sí podemos hacer es manejarnos a nosotros mismos y qué es lo que hacemos con la cantidad de tiempo que tenemos. Un líder que se concentra más en el resultado necesario que en lo que debe hacerse suele darse cuenta de que obtiene mejores resultados que si lo hace a la inversa. El camino que tomamos es mucho más importante que la velocidad a la que vayamos al intentar materializar nuestras concepciones en algunos aspectos del liderazgo. Una de las habilidades más significativas en el área de gestión del tiempo es la de fijarse una meta y seguir un orden de prioridades. Este orden es una evaluación de qué tan importante es una meta por encima de otra.

Para fijar prioridades acerca de lo que haces, deberías realizar un listado de qué tan importantes son algunas cosas por encima de otras. Una vez que hayas realizado ésta lista y hayas establecido un orden de importancia y necesidad, la gestión efectiva del tiempo se vuelve más sencilla. Nuestro móvil hoy en día es lo más cercano que tenemos en todo momento haciéndolo una agenda apropiada. La tarea de gestionar mejor nuestro tiempo se vuelve cada vez algo más imperativo a medida que tenemos más tareas en nuestra vida y en nuestros roles de líder.

Los siguientes son ejemplos de lo que un líder puede hacer para gestionar su tiempo de manera efectiva:

Aprender a manejar los procesos de toma de decisiones, no las decisiones en sí mismas.

Enfocarse en hacer una cosa a la vez.

Desarrollar una mentalidad para tener éxito con tu tiempo.

Tener clara tu perspectiva sobre lo que quieres lograr en todo momento.

Planificar metas diarias, de corto y de largo plazo.

Identificar y conectar tus prioridades.

Desechar lo superfluo e innecesario.

Establecer límites personales para cada

meta y apegarse a ellos.

No hacer perder el tiempo de otros como método para no perder el tuyo también.

Mantener calendarios precisos y seguirlos al pie de la letra.

Saber en qué momento detener una tarea, política o procedimiento.

Delegando, todo es posible.

Hacer tiempo para reflexionar.

Usar listas de tareas y listas de control.

Reajustar las prioridades como resultado de nuevas tareas.

Reglas para ayudarte a gestionar el tiempo de manera efectiva.

Empieza: Lo que vale la pena hacer, vale la pena hacerlo bien. Si sientes la necesidad de gestionar tu tiempo de una manera más efectiva, creo que debes comenzar tu día con un ritual por las mañanas, el cual debe ser levantarte temprano. Una vez que haces algo, comiénzalo inmediatamente, la procrastinación es la ladrona de tiempo.

Que una rutina te guíe: Apegarte a tu rutina puede verse como una rémora para la creatividad, pero seguir un en particular hace que te acostumbres a ella después de un tiempo, haciendo que sea más sencillo y eficiente seguirla más adelante. Cuando estás acostumbrado a hacer algo se vuelve más eficiente a medida que lo sigues haciendo.

No tomes tantos riesgos al mismo tiempo: Tomarlos no te ayudará a manejar tu tiempo de manera efectiva, sino que te verás atrapado en tratar de complacer a los demás.

Termina una tarea a la vez: Comenzar algo es sencillo, pero terminarlo es donde está lo difícil. Dejar una pequeña tarea incompleta sólo hará que pierdas más tiempo cuando intentes finalizarla después. Comienza algo y termínalo de una vez por todas.

No te comprometas con tareas triviales, no importa que tan alejadas en el futuro estén: Comprometerte de antemano a una tarea no es una manera efectiva de gestionar tu tiempo, hacer una tarea a la vez de manera diaria te hará más eficiente. No importa que tan alejada en el futuro esté, de igual modo te tomará la misma cantidad de tiempo.

Divide las tareas grandes: Los grandes proyectos deben fragmentarse en metas pequeñas, formarlas las hace más gestionables y la tarea titánica eventualmente será completada. Utilizando un enfoque fragmentario serás capaz de organizar mejor tu ajetreado calendario.

Destina tiempo para ti por cada actividad que realices: Destinar tiempo para cada actividad nos ayudará a monitorear cada tarea en la que nos embarquemos. Esto requerirá de estimaciones, pero tus estimados mejorarán con la práctica. Al final, esto te permitirá, como también a otros, programar de una mejor manera las actividades.

Planifica tus actividades: Planificar es una manera efectiva de manejar tu tiempo eficientemente, dándote una estimación de cómo será tu día de trabajo.

No procrastines: Lo que sea que necesites hacer, debes hacerlo inmediatamente. Dejarlo para después sólo desperdiciará más tu tiempo.

Tu lista de cosas por hacer debe ser lo más corta posible: Cualquier actividad o conversación que sea importante para tu éxito debe tener un momento asignado. Planifica pasar al menos el 50% de tu tiempo sumergido en tus pensamientos, actividades y conversaciones que te produzcan la mayoría de resultados. Planifica las interrupciones, para que cuando se sucedan, no consuman parte vital de tu planificación y te hagan perder el tiempo.

Recuerda que es imposible hacerlo todo, así que no te abatas cuando esto suceda. La práctica hace al maestro.

!!!BONIFICACIÓN!!!

CURSO DE RITUAL MATUTINO DE 7 DÍAS

El ritual matutino es un simple conjunto de actividades que haces al principio de cada mañana, todos los días con la finalidad de convertirte en una mejor persona. El ritual matutinose vuelve un hábito después de que se le practica por un largo período de tiempo. Puede ser utilizado para formar hábitos positivos que se convertirán en parte de ti, transformándote en una mejor persona y en un líder exitoso. La manera más efectiva de cambiar un hábito o patrón es a través de un proceso de ritual matutino. La práctica constante, hace al maestro. Cada líder exitoso tiene un ritual matutino que mantiene todos los días antes de iniciar su rutina diaria. Estos parecen es la herramienta más exitosa para permitirnos realizar cambios a nosotros mismos, y que todos podemos utilizar para dar forma a nuestras vidas. ¿Por qué el ritual debe hacerse en las mañanas? Podría dar mil y una razones acerca del porqué, pero la más importante es que la fisiología humana está más activa y responsiva durante las mañanas. El propósito de este ritual es cargarte antes de que comience tu día. Sé que lo primero que haces al despertarte por la mañana es un gran signo no sólo de la calidad de día que tendrás, sino por extensión, de la calidad de toda tu vida. Obligarte a tener rituales matutinos positivos todos los días puede de manera inequívoca transformar tu vida en todas las maneras posibles.

Marco Aurelio una vez dijo: '*Cuando te levantas por la mañana, piensa en el precioso privilegio que tienes de estar vivo – de respirar, disfrutar y amar*'.

LOS RITUALES SON LOS SIGUIENTES

Levántate temprano

Recuerdo una melodía que solía cantar cuando era niña. Decía "temprano a la cama, temprano al levantarse, hace que un hombre esté saludable– saludable y fuerte". Esto apunta al hecho de que despertarse temprano es un factor que depende de haberse ido temprano a la cama. El sueño es un proceso corporal sumamente importante que nos ayuda a funcionar de manera apropiada. La naturaleza tiene que seguir su curso correspondiente, y ese es que te vayas a la cama temprano para que te levantes temprano. Después de un tiempo de no hacerlo, la totalidad de tus sistemas corporales comenzarán a querer fallar. Levantarse temprano es sinónimo de que tu día transcurra en una sola dirección, lo que tiene todo ventajas y ninguna desventaja. Levantarte temprano te da más tiempo para liberar tu mente, también te otorga más tiempo para que hagas las actividades adicionales que amas hacer. Levantarte temprano te da suficiente tiempo para llevar a cabo tus rituales matutinos que hacen del despertar la primera y más importante tarea de todo tu ritual. La fisiología humana está programada para funcionar de mejor manera en las horas temprana del día, aunque existan personas que sea hayan convertido en seres nocturnos por una causa o por otra. Despertar temprano, mantenerte alerta a lo largo del día y utilizando cada minuto del día al máximo, sacar provecho a las mañanas hace que tengas la mejor vida posible.

Ejercítate

Dicen que quien tiene salud, ya es rico. El ejercicio es la manera de mantener la forma física y la salud. Mejor salud y más fuerza te hacen tener más confianza en ti mismo. El ejercicio funciona reduciendo el nivel de cortisol en el cuerpo, que es el mayor contribuyente a la mayoría de enfermedades. El ejercicio incrementa nuestra salud y vitalidad. El ejercicio regular hace que nuestro cuerpo funcione apropiadamente. Cuando comenzamos nuestro día ejercitándonos, estamos prolongando nuestra longevidad y eso nos brinda más tiempo para ser exitoso en lo que sea que estemos haciendo. Nos trae también a la realidad de que el día ha comenzado, y nos hace deshacernos de toxinas a través del sudor; además hace que nuestras articulaciones, ligamentos y músculos se relajen, preparándonos para los eventos de nuestro día a día. La mañana es el mejor momento para ejercitarse porque nos ofrece la posibilidad de tener menos interrupciones, además del hecho de que nuestra mente está más enfocada a ésta hora del día. El ejercicio es una gran forma de mantener tu cuerpo en condiciones y funcionando a lo largo del día.

Planifica tu día

Cuando fallas para planificar, planificas para fallar. Esto muestra lo importante que es la planificación para lograr el éxito en la vida. La mejor manera de comenzar el día es identificando todo lo que necesita hacerse en esa jornada. Para que tu plan funcione de manera efectiva, debes dejar las cosas más importantes planificadas por escrito, hacerlo te permite establecer prioridades y gestionar tu tiempo de manera efectiva. Cuando escribes tu planificación, le das un soporte estructural a todos tus quehaceres; escribir tus metas te ayudará a expresarlas y hacerlas más reales. Del mismo modo, éstas metas se graban en tu mente subconsciente, fortaleciéndose y grabándose a su vez a tu corazón hasta que se ven materializadas.

Mantén un diario

Esto tiene múltiples ventajas. Te ayuda a conocer y enorgullecerte de tu trabajo duro, aumenta tu confianza, autoestima y te hace feliz, te da una razón para mantener el ánimo en tu camino al éxito. Tu diario puede servirte para mantener el rastro de todas tus ideas una vez que lleguen a tu mente, cosa que suele suceder en las mañanas. Tu diario puede funcionar incluso como tu compañero durante el transcurso de la meditación.

Medita para aclarar tu mente

La meditación es una necesidad para ayudar a aclarar nuestro tren de pensamiento. Hacerlo temprano en la mañana lo vuelve más productivo. La meditación te coloca en la mentalidad correcta, enfocado en lo que necesitas hacer para tener éxito. La meditación por sí sola es genial y tiene un indudable poder de sanación que brota de ti mismo, haciendo que veas las cosas desde una perspectiva diferente. Nos permite entrar en un mundo diferente, para poder entrar nuevamente a nuestro mundo y desentrañar la realidad de nuestras vidas y sentir toda nuestra energía interior. Ésta energía le da a nuestro plan rutinario una nueva percepción, así como a nuestras metas de vida en general, haciéndonos tener éxito. La música puede ayudar a aclarar tu mente y hacerte capaz de meditar, además la música en sí misma cura nuestro cuerpo, nuestra alma y nuestro espíritu... Haciéndonos sentir más llenos.

Aprecia a tus seres queridos

El amor es la cúspide de todos los sentimientos y las emociones. Apreciar a quienes te rodean y te aman los hace a ellos y a ti seguir adelante, le da sentido a la vida y te hace valorar todos los aspectos de la vida. El amor hace que valga la pena vivir. Ser exitoso sólo puede ser apreciado en plenitud si se tiene alguien con quien compartir el éxito. Aprecia al amor y a quienes amas, aprecia la vida.

Nunca te saltes el desayuno

El desayuno parece la comida menos importante del día, pero no es así, resulta que es la más importante. Es el combustible que te lleva a través del día, es la comida que te provee con todo lo necesario para vivir por mucho tiempo y con buena salud. El desayuno puede parecer innecesario, pero eso debe corregirse, puesto que es tan importante como el sueño mismo. El desayuno sirve para prevenirte de tener dolores por hambre, cuando se está absorto en otras cosas durante la mañana, tendemos a perdernos en la actividad que estemos haciendo y por tanto nos olvidamos de que necesitamos comer cuando es debido. Cuando desayunamos tenemos presentes en nuestro cuerpo los nutrientes necesarios para enfrentar todo aquello que necesitemos hacer hasta que el trabajo nos permita un momento de descanso.

En conclusión, las mañanas son la representación de los nuevos inicios, de volver a empezar, lo que los hace significativos. Es por esto que los rituales matutinos son tan significativos, porque son un reflejo de cómo será nuestro día. Sacar el máximo provecho de las mañanas nos ayuda a sentar las bases de nuestro éxito en la vida, como líder y como individuo. Como comienzas el día es como comienzas tu vida. ¡Empieza de la mejor manera!

CONCLUSION

El tener éxito como líder está en ti. Inspira y motiva a los demás. Úsate como la mejor herramienta que tienes para influenciar a otros. El liderazgo puede ser adquirido, esforzarte para hacerlo es lo que te hace llegar al éxito. Para tener éxito un líder debe crear un ambiente confiable, cooperativo, abierto y amigable, con esto el líder obtendrá la respuesta necesaria para permitir el éxito. Un líder exitoso ayuda a la gente a observar cómo sus ideas pueden aportar a la visión preconcebida por el líder y qué tan importantes son dichas ideas para el éxito final del proyecto. Un líder que ha encontrado la manera de convertirse en un gran individuo siempre conseguirá el éxito en cualquier rincón en el que se encuentren.

Éstas citas lo dicen todo:

www.ingramcontent.com/pod-product-compliance
Lightning Source LLC
Chambersburg PA
CBHW072016070526
44583CB00015B/1509